卷首

从古城墙到古墓葬,从闽南古厝到名人故居……文物,见证历史的沧桑,也记录城市的文明。作为厦门老城区,思明区现有不可移动文物三百多处。这些珍贵文物现在哪里?它们藏着多少鲜为人知的厦门往事?

2017年2月起,思明区文化和旅游局与厦门新闻广播联手,共同推出百集系列报道《听见历史的声音:文物传奇》,通过口述历史,寻根厦门记忆,揭示文物保护的现代意义。

卷一　厦门城　从这里开始

古城墙:时光雕刻六百年

厦门的城市历史是从哪里开始的呢?答案其实就写在一段六百多岁的古城墙身上。作为厦门城遗址,这段剩余的古城墙,静卧在出米岩巷附近的山坡上。

2003—2004年,时任厦门市文化遗产保护中心主任的靳维柏先后两次主持古城墙的发掘工作。两次考古发掘,对古城墙结构进行了解剖,在城墙内的堆积物中出土了陶瓷片、火枪枪身的护铁、铜牌、残石碑等遗物,又对全部城墙遗迹进行了实地勘查和测量。目前古城墙一侧依然保留了当年的发掘现场。

靳维柏带着记者穿过小巷,找到一处停车场,跟前就是古城墙。

"目前保存下来的厦门城城墙只有120米。这个点是明代方士池显方在《玉狮斋记》中所称的'龟石'所在地,当时也是厦门城一带的一个制高点。"

只见古城墙由条石堆砌,高1.5米到4米左右。城墙外,爬满青苔;龟石之上,树木盘根错节;几处明清时期的摩崖题刻,有些字迹模糊。

靳维柏告诉记者:根据史书记载,厦门古城于明代洪武二十七年(1394年)建立。当时为加强海防,抗击倭寇,在这

里设立了一个类似现在警备区的军事机构——永宁卫中左守御千户所（下文简称中左所），随后修建了中左所城。

"应该说厦门作为城市就是从这里开始的。以前驻军，都是走到哪，驻到哪，没有城。（那筑了城墙以后，才把驻军固定下来，是这个意思吗？）对，它就稳定了。一个地方的行政管理和军事管理机构，应该都在城里。慢慢整个城的军事功能降低了，城内功能增加了，才发展为我们现在的城市。"

明代的厦门古城，也就是中左所城，共有东西南北四个门，现存的古城墙就是北门的一段。清朝施琅将军平定台湾后，在古城内成立福建水师提督署，这段古城墙当年还是提督署后花园的一部分。靳维柏说，经测量考证，清代扩建后的厦门古城墙长六百丈，相当于1450米。

靳维柏介绍："古城墙北边呢，大概就是（在）龟石；南门呢，就是现在古城西路、古城东路和中山路的交汇点；西门就是新华路东侧那边；东门就是在新华路往公安局那边走……（古城很小？）很小，1450米长左右，所以叫做弹丸之地。"

从 20 世纪 20 年代起，随着厦门城的改建、扩建，古城墙大面积消失。

1994 年，为纪念厦门建城六百周年，市政府对北门这段残墙进行修复。2005 年，古城墙被公布为第六批省级文物保护单位。

但作为证明厦门建城历史的唯一文物，古城墙今后能否建成博物馆，或者遗址公园加以保护？眼下这样的社会呼吁不断，也引发了更多人对于古城墙未来的思考。

本章照片由记者陈颖拍摄。

一对石狮的百年风云

在思明区体育路 95 号市总工会大楼门口,矗立着一对威武的石狮子,由青斗石雕刻而成,连基座 2 米多高。右边的公狮脚踩绣球,气宇轩昂;左边的母狮怀抱小狮,仪态万方。

厦门文史专家彭一万告诉记者,这对石狮不简单,是清代福建水师提督署遗留下来的唯一文物。

"福建水师提督署,1685 年正式成立。这两座石狮子大概是一六八几年的作品。可见有三百多年了！立两只石狮子在衙门起到镇邪的作用，还有一种威武的形象，代表你所在衙门的规格。"

对于这对石狮，彭一万印象颇深。1949年之前，彭一万在厦门上小学，就经常到"漳厦海军司令部"门口这对石狮附近玩耍。后来才知道，这个海军司令部所在地原本是福建水师提督署，这对石狮也是提督署遗留下来的唯一文物。

作为清代四大舰队之一，福建水师在中国海军发展史上有着重要的地位和作用。提督署作为福建水师指挥部，是一处重要的历史遗迹。

清朝康熙时期，施琅将军平定台湾后，在古城内成立水师提督衙门（现厦门市公安局一带）。

彭一万说:"因为厦门是一个海防重镇、重要口岸,水师提督署设立,是重视海防的体现。当时水师提督署不仅管辖厦门,管辖全省,而且管辖台湾。说起对厦门城市发展的作用,那就是保护厦门,保卫我们的海防,使得厦门能够通商贸易。"

20世纪50年代,提督署原址建起了厦门市工人文化宫(现已拆除,改建为厦门市公安局办公大楼),老照片中依然可以看到大楼门口的这对石狮。

厦门市老工人文化宫改建为市公安局大楼,新工人文化宫设在体育路市文化艺术中心,这对石狮也跟着搬迁到了市总工会新大楼门口。

> 彭一万说:"因为新的工人文化宫建起来了,就搬过去那边。狮子的迁移,也是见证了这段城市变化的历史。"

虽然石狮保存完好,但文物离开了原址,历史价值会不会大打折扣?今后,能否把这对石狮移回福建水师提督署原址加以保护?社会上这样的呼吁不断,也唤起更多人对文物保护和传承的思考。

本章照片由记者陈颖拍摄。公共版权历史档案图片来源于网络(下同)。

玉屏书院碑记揭秘

要问厦门教育的发祥地在哪里,恐怕知道玉屏书院的人不多,但它孕育而生的两所百年老校——厦门一中和厦门五中,却家喻户晓。如今,哪里可以找寻玉屏书院的下落?

位于新华路59号的厦门五中老校区,又名玉屏校区。顾名思义,这里就是玉屏书院所在地。如今在老校区玉屏亭里,我们还可以找到玉屏书院碑记。当年建亭立碑的倡导者,是厦门五中校友会顾问,今年九十岁高龄的陈阔生老师。他告诉记者,这块碑刻于清乾隆十八年（1753年），碑刻全文908字，记载了玉屏书院的创办历史。2013年被公布为未定级不可移动文物。

碑文记载，玉屏山麓兴建的义学明代曾"称盛一时"，清初"绛堂渐虚"，以至于"琳宫梵宇"。福建水师提督倪鸿范，兴泉永道白瀛，同知许逢元，绅士黄日纪、林翼池、刘承业、廖飞鹏及生监人员共谋集资办学，经捐款筹资，于清乾隆十六年（1751年）至十八年（1753年）间，增扩义学旧制，兴建玉屏书院。

陈阔生老师介绍说："玉屏书院最早是从明末就开始，那个时候它主要是义学，义务的义，帮助贫民子弟求学。玉屏书院是1751年成立的，当时办这个书院的目的是培养有关科举后备人才。"

根据史料记载，玉屏书院地处玉屏山，也就是现在的虎溪山麓，因而得名。清乾隆十六年，也就是1751年，福建水师提督倪鸿范、兴泉永道白瀛、同知许逢元（同知大致相当于现在的地市级行政主官的副职）和地方绅士黄日纪等人集资扩建义学，才取名玉屏书院。1906年玉屏书院被地方政府接管，又改名"厦门中学堂"。

陈阔生老师说，清朝末期，西方的教育已经对中国产生影响，旧的教育制度已经不适应了。1905年废除科举，1906年玉屏书院办成厦门中学堂，变成公办中学。这个在当时全国来讲没有几间。

厦门中学堂开启了厦门公办中学的新式教育局面。开国上将叶飞将军、国务院原副总理方毅在这所学校读过书，著名科学家卢嘉锡曾在这里任过教。正是有了厦门中学堂的基础，1949年后组建了厦门第一中学。1955年秋，厦门第一中学师生一分为二，一半留在玉屏书院原址（改名为"厦门五中"），另一半则搬迁到深田路，即现在的厦门一中。

20世纪70年代末，因为五中改建、扩建，老建筑被拆除，玉屏书院文物只剩下一些散落的碑刻。后来厦门五中迎来95周年（2001年）、100周年（2006年）校庆，时任校友会秘书长的陈阔生发动校友捐款，先后建成"玉屏亭"和"玉屏碑廊"并加以保护。

陈阔生老师说，20世纪50年代他在厦门五中任教时，校园里还留有两栋玉屏书院时期的老建筑：一栋叫崇德堂，之前碑记就存放在那里；一栋叫集德堂，是他办公的地方。"学校的渊源就来自玉屏书院，像玉屏书院碑记，两百多年的文物，应该要很好地保护下来。这可以证明它是厦门教育的发祥地，也是厦门中学的发源地。"

如今，厦门五中已经整体搬迁到莲前校区，玉屏校区交由厦门实验小学进行改扩建。今后玉屏书院文物能不能保护好，传给下一代？陈阔生老师说，现在他最惦记的，就是这件事了。

本章陈阔生老师照片由记者陈颖拍摄，玉屏亭照片由陈阔生老师提供。

大清厦门一等邮局：百年邮驿的岁月变迁

在网络普及之前，不同地方的人们主要靠书信往来。由此，近代邮政已在中国发展了一百二十多年。你知道受理中国第一单邮政业务，并盖下第一个官方邮政日戳的邮局在哪里吗？

在鹭江街道海后路58号,有一幢仿英式风格的建筑,拱形大门的正中间,"百年邮驿"四个大字特别抢眼。这里是中国近代最早的邮局——"大清厦门一等邮局"遗址所在地,现在依然作为厦门海后路邮政支局在使用。中国邮政集团公司厦门市海后路支局支局长杨智斌告诉记者,"大清厦门一等邮局"今年一百二十二岁了,它创办于清光绪二十三年的正月初一,也就是1897年的2月2日,当时名叫"厦门大清邮务总局"。

1897年2月2日,"厦门邮政"率先正式挂牌并对外营业,设"厦门大清邮务总局",是中国最早对外营业的邮局,受理了中国第一单邮政业务,并盖下了第一个官方邮政日戳。

值得一提的是,由于当时北京等地的官办邮局是在1897年2月20日才开始对外营业的,比"厦门大清邮务总局"晚了十八天,厦门理所当然地成为中国最早正式开办官方邮政业务的城市之一。

据民国《厦门市志》记载,"光绪廿八年,厦门邮政总局成立,合漳州、石码分局职员总数为中西13人,邮差20人";到了1908年,"邮局共136间,20间在内地,职员325人,送信可达2000英里"。

起初,厦门邮政由厦门海关管理。随着业务发展壮大,到

了宣统三年（1911年），厦门邮政开始分立。厦门邮政从海关分离，成为独立机构，厦门邮政总局改称"厦门一等邮局"，邮境范围覆盖闽西和闽南等地，超过整个福建政区的一半。

作为中国近代邮政的发祥地，厦门一等邮局见证了厦门邮政百年变迁。原本这里的办公楼是两层小洋楼，1949年后还在沿用。直到1973年，老建筑被拆，改建为六层的厦门邮政综合业务大楼。2002年，大楼按照大清厦门邮政建筑原貌风格重新修缮，才变成了今天的样子。

2004年11月，厦门市政府将大清厦门一等邮局遗址列为市级文物保护单位。如今，一百二十多岁的厦门一等邮局不光做邮政业务，还变身为快捷酒店、文创商品店。

可当邮局成了旅游点，文物保护多少也会遭遇尴尬。杨智斌说："我们的门面上有一定程度的破坏，我们的文物保护石碑上不断出现'牛皮癣'的情况，连石雕都受到了破坏。整个福建省，也就这么一个一等邮局，我们呼吁不管本地市民，还是外地来的游客，都要有意识地去保护、爱护我们现有的历史文物。"

本章照片由记者刘普拍摄，历史档案图片由杨智斌提供。

卷二 海峡情未了

刻在石碑上的历史

在厦门万石植物园内的中岩寺，立着一通2米多高的花岗岩石碑，碑上只刻了八个大字——"澎湖阵亡将士之灵"。这通石碑有什么来历？

根据史料记载，康熙二十二年（1683年）爆发了清军平定台湾的关键性一战——澎湖海战。施琅率领的清军水师在决战中打败了刘国轩统领的郑军主力，迫使统治台湾的郑克塽（郑成功之孙)主动求和,由此实现台湾的平定。这一仗,清军阵亡了329名将士,"澎湖阵亡将士之灵"石碑正是为纪念他们而立。

厦门文史专家何丙仲告诉记者,可以绕到中岩寺大殿旁的"玉笏"石去看看,上面那一段题刻就说明了"澎湖阵亡将士之灵"的来历。

"'澎湖阵亡将士之灵'石碑建的年代,是康熙五十三年,1714年。有一个叫提宪蓝公的人——提宪就是提督,蓝公就是蓝理——来建这座祠,纪念当时平定台湾的时候,澎湖一战死难的将士。"

何丙仲说,当年倡议建祠立碑的蓝理,是一位参加澎湖海战的名将,也是一个"有故事的人"。

蓝理(1649—1720),字义甫,号文山,福建省漳浦人。他自幼习武,精通刀、枪、矛、盾等各种兵器。有关志传描述他身材魁梧,能力举八百斤,足追奔马,还能拽马尾倒行。

康熙二十一年(1682年),福建水师提督施琅闻蓝理英勇,荐为右营游击,领前队先锋。康熙二十二年(1683年),舰队

从铜山（今东山）出发，直驶澎湖。海战中，蓝理腹部受伤，肠子流出，他拖肠血战，功居第一。三天后又大破郑军，再立战功。

何丙仲介绍说："蓝理是漳浦人，他是一个很勇敢的将军。随着施琅去平定台湾，但是澎湖一战是很惨的，蓝理自己就打到肚子里的肠子都打出来了，所以他别号就叫'拖肠将军'。施琅看着觉得他很可怜，赶快叫荷兰医生用西药治疗，他的伤最后治好了。"

因为澎湖之战立下战功，蓝理后来被清廷提拔为天津总兵，还担任过福建陆路提督。但在康熙五十三年（1714年），蓝理因官场失利，被免去福建陆路提督的职务，甚至被"论斩"。奇怪的是，遭遇人生低谷的蓝理，这一年为什么会叫人建祠立碑，祭奠31年前在澎湖阵亡的将士呢？

何丙仲说："蓝理做了什么？赫赫有功的人怎么会被'论斩'？是不是蓝理觉得心中有愧，觉得是三十几年前（牺牲的）部将没有受到超度，冤魂来捉弄他，他就建这个碑来纪念？出于什么动机，不清楚。清史稿说，康熙五十四年，他就平反了，

> 到古北口戴罪立功。这是不是对亡灵的超度起作用了？历史的奇妙就在这里。小小的一块文物，可以勾出后面很多有趣的故事。"

如今经历了三百多年风雨，祠已废，碑还在。当初蓝理为什么要建祠立碑？这依然是个历史之谜。

1982年，"澎湖阵亡将士之灵碑"被公布为厦门市文物保护单位，保护范围包括石碑本体，以及碑前李铨诗刻所在岩石全体及中岩"玉笏"石刻上之碑记。2001年，它们又被纳入厦门市第一批涉台文物保护单位名单。2009年列入第七批福建省文物保护单位。

眼下石碑一旁的山坡上，可以看到一座四檐方形琉璃亭，题为"将士亭"。这座"将士亭"修建于现代，多少表达了后人对阵亡将士的一份敬意。

本章照片由记者陈颖拍摄。

百年菽庄，百年海峡情

鼓浪屿上有着太多的传奇故事。

1895年，清政府因甲午战败被迫签订《马关条约》，将台湾割让给日本。当时的台湾板桥望族林维源、林尔嘉父子愤慨于国土沦丧，毅然放弃在台湾的庞大产业，举家迁居鼓浪屿。

1913年，林尔嘉先生吸取其父在台北的故园——板桥林本源园邸（也就是板桥林家花园）的神韵，在鼓浪屿上兴建了菽庄花园。2006年，菽庄花园被公布为第六批全国重点文物保护单位。

一百多年来，这座巧夺天工、藏海补山、遥望台湾故土的建筑群，不仅直接影响了鼓浪屿中西方文化交融荟萃的进程，也因其独特的血脉渊源成为海峡两岸亲情最有力的见证。

年近八旬的蔡文田是林尔嘉先生的家族后人，曾在林府住过六十三年，历经菽庄花园许多年的风雨历程。

　　记者："当年林尔嘉为什么会把他在台湾的这么个很漂亮的花园原样地复制到厦门来？"

　　蔡文田："他是（因为）爱国情深，板桥花园是他父亲建的，他娶的我姑奶奶龚云环是正宗的闽南人，他想他应该把这些钱放到我们大陆来。"

　　记者："台湾的板桥花园您去过吗？跟厦门的相比怎么样？"

蔡文田："去过。它们的亭台楼阁很像，一个模样的。差别就是，（厦门）这里临海。"

1914年，嗜好金石、藏书、诗赋的林尔嘉组建起"菽庄吟社"，经常邀集各地诗友莅园赋诗或寄赠诗稿，一时间闽台人文俊杰云集，极盛之时更是汇聚了全国各地及日本、新加坡、印尼等国的诗文爱好者近两千人。

每逢中秋佳节，才子们在菽庄花园里观月赏菊吟诗，甚为风雅。每年林尔嘉都会将征集的诗稿择优结集出版，菽庄吟社与南社成为清末民初一南一北的两大文学社团。1951年，林尔嘉在台湾病逝后，其夫人将菽庄花园捐献给了厦门市政府。

今天，站在菽庄花园的四十四桥上，看着被大海波涛一遍遍冲刷的摩崖石刻，蔡老先生仿佛正在触摸那难以磨灭的岁月痕迹。

蔡老先生介绍说，这座桥就是林尔嘉四十四岁时建的，刚好四十四节，有三块石头，上面写着诗，其中有林尔嘉的两首，他的太太也就是蔡老先生的姑奶奶龚云环也有一首。这些诗句一百多年来仍然还在，这是两岸亲情的一个见证啊！

如今，鼓浪屿菽庄花园和台湾板桥花园已成为"一主双园、隔海相映"的中华园林孤本。

2016年6月，鼓浪屿百年"菽庄吟社"揭牌重启，重启后的菽庄吟社以菽庄花园为载体、以诗文为传承，吟唱美丽琴岛，彰显鼓浪屿深厚文化底蕴。饱读诗书的林家后人蔡文田先生被聘请成为菽庄吟社的顾问。

蔡老还特别赋诗一首（节选）：

坐在岁月磨刻的石碑旁，

追忆着往昔岁月。

一百多年了，

今天，

鼓浪屿人又重塑起这块石碑，

我似乎听到那首首诗文和着涛声又吟唱起来；

今天，

传承人吟唱的是时代的最强音！

链接：林尔嘉其人其事

1973年，林尔嘉的长子林刚义为其父出版《林菽庄先生诗稿》。在该书"发刊前言"中，林刚义回忆了鼓浪屿上著名的"菽庄花园"的建设，并谈及颇有名气的"菽庄吟社"。

林尔嘉（1875—1951），台北县望族板桥林家林维源的长子，字菽庄,晚号百忍老人。

1895年,日本人据台,林尔嘉父子返归大陆。林尔嘉一生最重要的贡献之一,是1913年起在鼓浪屿上建成的"菽庄花园"。花园后来屡经扩建,如今占地面积3000多平方米,为鼓浪屿著名景点之一。林尔嘉又创设诗社"菽庄吟社",每值良辰美景,招邀名流,酬唱其间,集为《菽庄丛刻八种》。

1937年,日寇全面侵略中国,林尔嘉避地海上,嘱好友续刻《菽庄丛书》六种。

本章题图照片由陈志毅提供,其余照片由记者子悦拍摄。

厦门台湾公会：大陆首个台胞群众团体

你知道,大陆第一个台胞群众团体诞生在哪里吗？答案是,在厦门。哪里还能找到它的历史见证？如今的新华路40号,还留有台湾公会旧址。作为当年的"台胞之家",台湾公会有过怎样鲜为人知的往事？

在厦门新华路40号,市公安局正大门的对面,矗立着一幢三层白色小洋楼。走近一看,"台湾公会"四个大字引人注目。市台胞联谊会副会长张劲秋告诉记者,这座老房子今年八十九岁了,是大陆仅存的两座台湾同乡会馆之一。

关于厦门台湾公会的由来,要从甲午中日战争说起。因为战败,1895年清政府被迫签订《马关条约》,将台湾割让给日本。当年不满日本殖民统治的台湾同胞,便纷纷渡海,来到厦门谋生。

据张劲秋介绍,许多台湾同胞当时不愿意忍受日本殖民统治,都内渡到祖国大陆,又因为厦门地理位置特殊,有相当一部分的台胞定居在厦门。

光绪三十二年(1906年)九月,在厦台湾商人施范其、殷雪圃、庄有才等七人发起筹办台湾公会事宜。1907年5月,厦门台湾公会成立大会在寮仔后(今厦门市晨光路)"天仙"茶园召开,成立了大陆第一个台胞群众团体。

起初，公会先后在寮仔后、布袋街、和凤宫等地租房办公。直到1930年，一些热心公益的台胞捐助四万银元购置空地建成会所，于是有了现在这幢白色小洋楼。

> 张劲秋说："当时这笔资金完全是由在厦台胞募捐所得的，在建成的公会会馆外墙，曾经有一个石刻，记载了所有出资人的姓名，但因为年代久远，现在已经找不到了。"

上个世纪初，厦门是台胞旅居祖国大陆最集中的地方，最多时有7000多人。这些台胞在厦门定居，除了经商之外，还执教、行医、求学。为营造一个"台胞之家"，厦门台湾公会成立时，明确宗旨为"联络感情，群策群力，同谋台湾同胞幸福，协调厦门、台湾两方的感情"，并承担起教育、卫生、救济、调节、墓地管理等事务。

> 张劲秋说："在会务中，最重要的是教育，而慈善也是当时台湾公会的重要事业。公会不仅保护台胞健康、提供公共墓地、赈灾，还为无钱治病的、家境贫困的人提供费用。"

1910年，台湾公会曾经创立旭瀛书院，主要招收台胞子弟就学。20世纪初，针对厦门每年发生鼠疫、伤寒等传染病的情况，台湾公会举办医务人员提高班，承担了推行种痘、预防注射、医疗、消毒等工作。当时台胞之间，或者台胞与当地民众如果发生纠纷，公会还设有调停部出面进行仲裁。

抗战胜利后，旅厦台胞在李友邦将军的帮助下，将台湾公会改组为台湾同乡会，并一直延续到厦门解放之后。

2005年，市台胞联谊会接管厦门台湾公会旧址后，将这里开辟为对外开放的"厦台史料馆"，并举办了"台湾同胞抗日斗争""旅厦台胞组织的变化发展"等图片展。但由于年久失修，老宅变成危楼，2015年"厦台史料馆"不得不关门谢客。

张劲秋介绍说："现在内部墙面剥落、门窗破旧、楼道开裂，影响了楼的作用的发挥。配套的'厦台史料馆'里面的资料是非常珍贵的，但由于跟隔壁的住户共用一个墙体，常年渗水，文史资料的保存相当不容易。"

作为台湾与大陆、台湾同胞与祖国联系的历史见证，厦门台湾公会旧址 2008 年被列为厦门第二批涉台文物古迹。它的修缮与保护工作也牵动着张劲秋的心。

张劲秋说："我是市人大代表，去年我提出一个建议，就是《关于做好厦门市"台湾公会"会馆保护工作的建议》，这个建议得到人大的重视，形成了《［2016］173号厦门市政府专题会议纪要》，将会馆的修缮和保护提上议事议程。我们已经请省建科院进行评估，进展顺利的话，会在下半年启动。"

本章题图照片由记者刘普拍摄，历史档案图片由张劲秋提供。

万顺楼——废墟中的记忆

说到厦门何厝小学,不少人会脱口而出:这不是中国少年先锋队队歌的发源地,电影《英雄小八路》中十三名小英雄的母校吗?没错!但鲜为人知的是,当年的何厝小学曾经开办在小洋楼里。

厦门岛东南部海边有个小渔村叫何厝,八十多年前,这里建起了当年何厝村最漂亮的建筑——有着"何厝第一楼"之称的万顺楼。因为遭受1958年"八二三"炮战袭击,这幢三层小洋楼早已千疮百孔、满目疮痍，但至今屹立不倒。

"英雄小八路"原型之一、曾亲身经历"八二三"炮战的何明全告诉记者，这栋楼的故事，还得从一位印尼华侨说起。

>"万顺楼大概建于20世纪30年代。当时建楼的印尼华侨名叫何水钁。他是何厝人，年轻时到印尼闯荡，经商发家后，回来盖别墅。他生有两个儿子，大儿子叫何贵万，小儿子叫何贵顺。他的愿望本是让自己的儿孙过上好日子，于是从两个儿子的名字中各取一个字，把楼命名为万顺楼。"

何明全说，万顺楼建起来后，因为主人长期在海外，房子便交由厦门亲戚照看。20世纪50年代，万顺楼曾被多家机构借用，有着"多重身份"：这里不仅是何明全的母校——禾山第四中心小学（即现在何厝小学的前身）的分校所在地，还曾经容纳何厝乡政府、何厝派出所、郊区海防工作部和民兵活动指挥场所等单位。

>何明全说："这个万顺楼是禾山第四中心小学的分校（总校设在万顺楼旁边的文通楼，现已不复存在），三楼、二楼都是教室，我的教室就在三楼。万顺楼的二、三楼大厅是做教室，旁边一些小房间

是乡政府办公用的，还有何厝派出所有时候在这里办公。"

1958年8月23日，厦门与金门之间展开了空前惨烈的炮战（史称"八二三"炮战），与大小金门岛隔海相望的何厝首当其冲。设有何厝乡政府、派出所等机构的万顺楼，因此成为金门方面炮击的"靶子"。当年十六岁的何明全是小学五年级学生，他目睹了万顺楼被炮击的一幕。

"1958年9月26号的早晨，天蒙蒙亮。那天早上我正好在门口要挑一担土粪到山上去，这个时候炮打来了，我就喊：赶快跑到万顺楼来！（记者：当时为什么不去防炮洞，而是去万顺楼躲避呢？）因为它是楼房，钢筋水泥的，比村民的砖木房子坚固得多。所以村民都把万顺楼当作'避弹楼'，一打炮就跑到那里去躲，比防炮洞好一些。那天大概有四十来人就这样跑进来。何厝派出所的一个民警，姓林，在一楼跟我们讲：今天打炮方向不大对头，每一发炮弹都在这周围爆炸，会不会是专门打这栋楼？他要我们赶快跑到后面的防炮洞去躲。结果大家一跑进去，就听到了爆炸声，万顺楼中弹了！还有三楼、二楼石板炸下来的声音，哇，真的是非常

> 吓人的！惊天动地的。孩子哭，老人也哭。那天从天蒙蒙亮打到中午一点钟啊，才停下来。一共打了100多发炮弹，楼大概中弹十来发。"

在这次炮击中，万顺楼弹痕累累，惨遭破坏，所幸转移到防空洞的四十多人无一伤亡。当时，何明全所在的学校已迁到后方躲避战火，和他一样留守在炮战前线的同学有十三位。

他们在老师的带领下，组成前线少年支前活动大队，帮助部队抢接电话线、擦洗炮弹，为战士们洗补衣服、烧开水……这十三位小学生后来被称为"英雄小八路"。十三位"英雄小八路"分别是何明全、黄水发、何佳汝、何大年、何锦治、何亚猪、郭胜源、何亚美、黄友春、林淑月、黄火旺、黄网友、何星赞，八男五女，其中年纪最大的何明全是队长。

电影《英雄小八路》剧照

20世纪60年代,他们的事迹被搬上银幕,电影《英雄小八路》轰动一时,影片主题歌后来被定为《中国少年先锋队队歌》。由此,作为十三位"英雄小八路"的母校,何厝小学也被当作少先队队歌的发源地。

如今,炮战的硝烟早已散去,厦门与金门的关系,已经从"炮打炮"变成了"门对门"。今年七十七岁的何明全说,他过世的母亲就是金门人,2005年他第一次去金门探访表亲,现在和金门亲戚已经常来常往。经历了两岸从炮火连天到你来我往的时代变迁,他明白了如今和平发展的意义。

记者:"既然您母亲就是金门人,当年炮战时期,您的母亲有什么说法吗?"

何明全:"我母亲讲,金门那边有她的父母亲,有她的兄弟姐妹,厦门又有她的老公孩子,打来打去都是自己的亲人啊!可是她一个农村妇女,有什么办法呢?"

记者:"当时学校都迁到后方了,您当年才十六岁,为什么还要留守在炮战前沿,不害怕吗?"

何明全:"说不怕是不可能的,一个炮弹下去就死了。但为什么我当年会这么做呢？因为我们这群孩子，解放后受到党的教育非常深，尤其是革命传统、英雄人物的教育。当时我们的课本都是黄继光、董存瑞、刘胡兰、邱少云等等这些英雄人物，他们给我们很大的榜样力量。"

记者："现在您去金门时，有什么所见所感吗？"

何明全："2005年，我退休后第一次去金门，接触了很多金门老百姓。他们共同的愿望就是说，不应该打！都是亲人嘛，打来打去都是伤到自己人。炮战那时候，金门老百姓也跑不掉，房子也被炸塌了，也很惨！"

记者："那么，您觉得万顺楼保留下来还有意义吗？"

何明全："作为一种历史，还是应该要保留下来。因为要告诉人们，战争是可怕的！战争是残害人类的！我们不需要战争，我们需要和平！"

如今的万顺楼前竖立着两块石碑，抬头都写有"八二三炮战纪念址"八个大字，一块是厦门市人民政府"市级文物保护单位"的认证，另一块则写着"厦门涉台文物古迹"。

据了解，2010年，厦门市政府用同等面积的安置房（共计八套全新安置房，累计800多平方米）完成了万顺楼的产权置换，将私人建筑收归政府所有，并进行维修。这是厦门首次通过产权置换方式对文物建筑加以保护。

链接："八二三"炮战

1958年8月23日，解放军福建前线部队对大小金门等岛屿实施猛烈炮击，持续85分钟，发射各类炮弹5万余发，史称"八二三"炮战。10月25日，解放军宣布逢单日打炮，逢双日不打炮。1961年以后，解放军主动停止对金门诸岛的实弹射击，仅在单日发射少量宣传弹，这种局面一直持续到1978年底。

本章题图照片由魏贵宾提供。

大喇叭的台海风云

在厦门，说起环岛路上的热门景点，"一国两制 统一中国"标语牌一定榜上有名。很少有人留意的是，就在标语牌背后的山上，"潜伏"着一座造型奇特的广播喇叭堡，这可是一处厦门涉台文物古迹。

站在厦门环岛路"一国两制 统一中国"标语牌前，往山上眺望，不难看到一个类似"蜂窝墙"的奇特建筑：长方体，外围由条石堆砌，中间砖红色墙体布满了圆孔。今年八十三岁的老播音员陈斐斐告诉记者,这是当年对金门广播的喇叭堡,上面的三十个圆孔都是喇叭孔。

陈斐斐说,这一处广播喇叭堡,是当年中国人民解放军厦门对金门有线广播站对高山分站(俗称石胄头播音站)遗留下来的。之所以建在环岛路,是因为这里距离对岸小金门大概只有五六千米远。

1955年,陈斐斐十九岁,原本是三十一军文工团团员。年轻的她梳着两条辫子,说话声音清脆,闽南话和普通话都讲得很好,于是被上级选派到何厝香山广播组从事对金门广播工作。

陈斐斐告诉记者:"一个喇叭单头有500瓦,可以用于学校操场广播或者农村广播了。那么30个喇叭,合起来就是15000瓦,功率很大,声音可以传到一万多米。之所以用墙堡把喇叭包围起来,既是为了固定喇叭,也是要实现保护作用。现在看到的这个广播喇叭堡大概是70、80年代建起来的。"

在厦门,这样的广播喇叭旧址还有多处。功率强大的高音喇叭,在当年对金门广播中,可是发挥宣传舆论攻势的"神器"。

大背景发生在1949年,国民党军落败,退据台澎金马,海峡两岸形成隔海对峙局面,厦门、金门成为最前线。为了对蒋军开展"宣传战",厦门从1953年开始用大喇叭对金门广播。

年近九旬的老播音员吴世泽告诉记者，这一年，中国人民解放军在厦门设立第一个对金门"喊话站"，就是他当年工作的角屿有线广播组。最早用的广播喇叭是解放战争时期从国民党军缴获的美式装备，由九个喇叭头组成，俗称"九头鸟"。

> 吴世泽说："一部九头鸟喇叭，声音可以传到两三千米远。角屿离金门最近才1800米，所以用起来效果很好。不过喇叭响起来的时候，声音很大，（我们）不敢站在喇叭前面，否则耳朵就震聋了！"

广播组是在大陆强大的政治攻势之下建立起来的，而对岸的金门也不甘示弱、如法炮制：厦门在角屿建一组，金门也在马山建一组；后来厦门在香山建，金门就在湖井头建；厦门在石胄头建，金门就在龟山头建；厦门在白石炮台建，金门就在大担建……就这样，双方架起一个个大喇叭，旗鼓相当唱起了"对台戏"。

从1955年入行，到1987年退休，陈斐斐从事对金门广播三十二年。

随着时代的变迁，他们用过的"九头鸟"，逐渐被国内研制出的气动式、电动式广播设备所取代。如今"一国两制 统一中国"标语牌背后的广播喇叭，就是较为先进的国产电动设备，不但声音传得远，音质也更为清晰。随着大喇叭更新换代，厦门对金门广播的播音内容和风格，也随着两岸关系的变化，从对峙走向缓和。陈斐斐说，在两岸对峙的特殊年代，大喇叭成了国共两党"攻心战"的武器。

陈斐斐："50年代初，我播得最多的，是号召国民党军投诚起义的五条'保证、奖励规定'。大概是保证生命安全，不打不骂不侮辱，不没收私人财物，愿意回家的发给路费，愿意工作的安排工作。如果带一把手枪回来奖励50元，带一支冲锋枪奖励150元，如驾驶飞机过来则有更大的奖励。通过我们的广播，不少国民党军就顺着潮水从金门过来投诚。"

记者："1958年发生'八二三'炮战时，您也正常播音吗？"

陈斐斐："是的，不过炮战还没有爆发，我们在前沿阵地就提早知道了。我们播音一般在晚上，还要天气好，风力不超过三级。有一次半夜，外面在打炮，我还在播音。播完后，我出去看了一下：哎哟，打得这么近啊，就在窗户底下！"

记者:"播音室也设在防炮碉堡里?"

陈斐斐:"是的,我们的播音室叫钢筋水泥堡。顶上的水泥板两米多厚,墙壁一米多厚,可以防炮。铁窗一放,(炮弹)就是打了铁窗几个洞,没有打到我。但是门口有一块踏板,不知道被打坏多少次了。电缆线也经常被打断,全组的人要出去抢接电线,很危险啊!"

记者:"炮战时,广播里播什么内容呢?"

陈斐斐:"记得炮战开始后,播过中华人民共和国国防部《告台湾同胞书》,里面讲的是当年对金门打炮是属于惩罚性质的,要惩罚蒋军。到了后面,就告诉他们单日打、双日不打,节日不打,比如春节啊,我们就不打炮。"

记者:"那么你们也能听见金门的广播吗?"

陈斐斐:"可以,我们有专门的人记录他们的广播内容。我们偶尔也去听一听,心中有个数。彼此是怎么广播的?他们播音的速度,比我们还慢。他们差不多一分钟播一百个字,我们差不多一分钟播一百二十个字(现在电台正常播音是一分钟两三百字左右)。因为是隔海喊话,距离远,必须要播得慢,才能让对方听得清楚。"

1979年元旦,全国人大常委会发布《告台湾同胞书》,提出和平统一的方针政策,两岸关系开始缓和。在对台喊话中,口气也变得温情脉脉,不再生硬而激烈。

> 吴世泽回忆说:"刚开始,叫他们蒋匪军;他们也骂我们朱毛军,朱毛就是朱德、毛泽东。后来叫(他们)蒋军、国民党军,再后来叫亲爱的国民党军官兵弟兄们,还加个亲爱的,(表示)我们是一家人。"

在20世纪80年代,陈斐斐播得最多的内容就是两岸寻亲启事。据说因为播音富有亲切感,她还被金门官兵们当成"梦中的亲人"。

1987年,陈斐斐从厦门对金门广播总站播音组组长的位置上退休。同一年,台湾开放老兵回大陆探亲,两岸关系向前迈出了历史性的一步。1991年4月24日,厦门前线广播站率先停播,随后金门也停止广播,两岸持续了38年的"对台戏"正式落幕。

一些大喇叭作为历史见证保存了下来。其中"一国两制 统一中国"标语牌背后的喇叭堡保存最为完整,于2015年底被厦门市政府列为第六批市级文物保护单位和第三批涉台文物古迹。

链接:大喇叭的故事还没有结束

2005年,陈斐斐第一次到金门旅游,发现"金门三宝"之一的金门菜刀,所用钢材竟然取材于当年从厦门打到金门的炮弹。

2011年8月22日,在"八二三"炮战53周年纪念活动中,金门金合利刀具厂的吴增栋师傅向人们展示他用废弃炮弹壳精心制作的菜刀。

2010年,陈斐斐与金门播音员许冰莹相会在大嶝战地观光园内的大喇叭前。这对曾在广播中打过无数"嘴仗"的同行第一次会面是2008年在厦门,彼此"相见欢",还互送了纪念品。陈斐斐送给许冰莹一条玛瑙手链,许冰莹回赠她自己写的小说。

2015年4月,原角屿广播组闽南语播音员吴世泽在老伴及四个女儿陪伴下来到台湾,找到了20世纪50、60年代在金门马山广播站的播音员汤丽珠。吴老把亲笔写的书法作品"两岸一家亲,亲情隔不断"送给了当年的"老对手"汤丽珠。

昔日"八二三"炮战的前沿阵地——厦门大嶝建起了英雄三岛战地观光园,内有"世界之最——大喇叭""'八二三'炮战阵地遗址""英雄雕塑广场""战地坑道""英雄三岛军民史迹馆""军事武器陈列场""国防教育馆""世界兵器模型展馆""祖国和平统一展览馆""空飘、海漂史迹展览馆"等景点。

金门遗留下来的"播音墙"如今也对游客开放,其中古宁头播音墙还定时播放当年邓丽君的广播录音。

本章题图由记者陈颖拍摄,陈斐斐照片由其本人提供,《人民日报》图片来自网络。

卷三　不能忘却的记忆

文物背后的民族英雄郑成功

郑成功，一位驰骋在蓝色海洋的民族英雄。在鼓浪屿东南端，矗立着一座郑成功雕像，与厦门岛隔海相望，已成为鼓浪屿乃至厦门的标志之一。而在日光岩上，至今仍保留着两处与郑成功至为相关的文物遗址。

说起郑成功与厦门的故事,厦门郑成功纪念馆馆长陈洋告诉记者,这要追溯到17世纪中期。

> "郑成功1647年起兵抗清之后,最先来到鼓浪屿这个岛。当时这个岛是他父亲的旧将郑彩、郑联管辖下的,他向郑联借了这个地方,作为练兵的地方。"

沿着日光岩东麓山腰拾阶而上,就可以看到一个石砌的寨门,这就是郑成功当年建造的屯兵营寨,寨门与两侧的翼墙都是用花岗岩垒砌而成,门高1.74米,宽0.8米,整体保存完好。寨门前方还设有石台阶通向山下,沿途在内崖壁上还清晰可见当年郑成功建寨时凿岩、搭椽、架梁的凿孔。

> 陈洋说:"这个岛基本上就是由花岗岩构成的一个荒岛,郑成功在这上面要修筑屯兵扎营的地方,刚开始也是非常困难的。现在可以看到石壁上的很多地方都会有'梁口',实际上是郑成功在这里打桩,往外搭棚,遮挡风雨。"

而在日光岩制高点,还有一处遗址:一块上端平坦的巨石

上刻有由闽籍华侨黄仲训在1918年署名的阴刻楷书"郑延平水操台故址"（在"闽海雄风"四个大字的右上侧），这里便是当年郑成功指挥操练水师的地点之一。郑成功曾受封延平王，因此黄仲训题名的石刻上称郑成功为郑延平。不过陈洋认为，郑成功指挥水师大多还是下到海里。

> 陈洋告诉记者："根据严格的史学界和考古界的考证，郑成功真正在训练水师的时候，是在海上直接指挥，长期的作战指挥一定会亲自在海上。他有时候指挥进港、入港可能在指挥台上。还有传说讲他吹海螺，但其实海面上是听不见的，海风很大。"

在鼓浪屿的三年多时间里，郑成功不断壮大队伍。1650年，郑成功决定袭取厦门作为抗清基地。农历八月十六日，郑成功拜会郑联，受到盛情款待。之后郑成功佯作答谢郑联，设酒宴于虎溪岩邀郑联前往，郑联欣然赴约，二人把酒言欢。宴会后，郑联告别郑成功掌灯欲回大营，行至"锁云"石前，伏兵四起，事先在此设伏的郑成功部将杜辉等一拥而上，立取郑联首级。随着万石岩顶三声炮响，郑成功率军进入厦门城中，施琅、洪政、甘辉等人陆续收服郑联水师，至此，郑成功有了自己的抗清基地。万石岩景区内至今还留有"郑成功杀郑联处"历史遗迹。

>陈洋说："他占据厦门、鼓浪屿两个地方，一直延伸到东洋到日本，西洋到印度尼西亚，东南亚这些地方，整条航道和整块制海权都在郑成功的掌控之下，所以他最后和荷兰殖民者在海上对决，把荷兰殖民者赶出台湾，他的伟大功业是在海上，他是维护中国海权的一个海上英雄。"

1962年，为了纪念郑成功收复台湾三百周年，厦门市郑成功纪念馆在日光岩北麓建立，陈列主楼选址在近代建筑、国家级文物保护单位——西林别墅。

这是一处汇集展厅、历史遗址、郑成功史料收藏为一体的爱国主义教育场所，馆里收藏着四百多件与郑成功有关的历史文物。

1981年，福建省人民政府和厦门市人民政府决定在鼓浪屿东南端的覆鼎岩上设立郑成功雕像，雕像于1985年8月27日郑成功361周年诞辰之际落成。雕像高15.7米，宽9.2米，重1400多吨，由六百二十五块白色花岗岩雕凿嵌接而成。郑成功身披盔甲，手按宝剑，形象挺拔刚劲，气势雄伟，是目前我国最大的历史人物雕像之一。

日光岩上的水操台遗址和龙头山（即日光岩）寨遗址也在1961年被公布为第一批市级文物保护单位，1985年被公布为第二批省级文物保护单位，2001年被公布为厦门涉台文物古迹。

厦门其他几处与郑成功有关的文物也被妥善地保护着。而这些有着三百多年历史的文物遗址，就像是一本本史书，为世人记录着英雄驰骋在蓝色海洋上的传奇故事。

本章郑成功雕像照片由张彤提供，石壁题刻照片由记者刘普拍摄，郑成功纪念馆照片由陈洋提供。

中国拼音鼻祖卢戆章

鼓浪屿鸡山路上有一条500米长的花岗岩便道，整条石板路面镌缀了许多汉语拼音字母和标点符号，每隔三五步就跃然足下，构成一道浓郁的人文韵味景观。当地居民称之为"拼音道"。

这是厦门人民为了纪念现代汉语拼音文字之父——卢戆章修筑的一条特色道路。

卢戆章，厦门同安人，定居于鼓浪屿，语言学家，1892年在厦门首创切音新字，开中国拼音字母之先河。

卢戆章1854年生于同安古庄村。他九岁读书，十八岁应试，县考名列前茅，府试却意外落榜，从此不入科场。当时"西风东渐"，洋学兴起。他加入基督教会，跟随传教士王奇赏研学《圣经》，兼学西方科学知识。

1875年，二十一岁的卢戆章到新加坡半工半读，专攻英文，成绩优异。1878年，他回厦门后，定居日光岩下的内厝澳。

当时，适逢英国新任驻厦门领事馆代理领事赫伯特·瞿理思正着手编纂《华英字典》，他受聘协助编译。

这期间，卢戆章潜心研究汉字拼音，终于在1892年三十八岁时写成切音字专著《一目了然初阶》，正式拉开了现代汉字改革的序幕，这一年也被认为是中国现代汉字改革运动的起始。

随后，卢戆章在鼓浪屿和厦门本岛开班教学。"切音新字"在闽南一带风靡一时，还吸引了不少外国人前来参与学习。

为了让"男妇老幼皆好学识理"，卢戆章曾在鼓浪屿上开班讲学，他的学生是船工和小贩，大部分是成年人，也算是中国人给自己开办的成人扫盲班，一时连外国人也来学。

鼓浪屿文化研究学者詹朝霞表示："卢戆章研究汉语拼音的基础和当时的背景环境，他对中英文双语深入的掌握和理解，使他具有了进一步研究中国汉字的拼音的基础和积淀，希望能够找到一种方式，使更多的人能够更快地学习中国的文字。"

在卢戆章不遗余力的推动下，厦门成为中国语文现代化运动的发祥地，有力地推动和促进我国语文现代化运动的发展。卢戆章先后共设计制定了三套汉字拼音方案，第一套采用的是拉丁字母符号；第二套采用的是仿日本假名式符号；第三套采用的是汉字笔画式符号。他的拼音方案采取了中西合璧的声韵双拼法。

在鼓浪屿的这条拼音道，大约 500 米长，绵延而上，引向鸡山。整条石板路面镌缀了许多汉语拼音字母和标点符号，被称为"拼音道"名副其实。小径的尽头，一方碑石竖立在道旁，这是厦门市政府的文物保护标志，正面刻着"卢戆章墓"，背面记载了卢戆章的生平简介。

詹朝霞对记者说："我觉得他的作用远不止是投石问路，在二十世纪五十年代周恩来主持召开的全国拼音大会上，对卢戆章官方的认定就是中国拼音元祖，他是中国早期拼音研究的先驱、开创者。现在我们所使用的拼音方案是在各家之长的基础上来合成的一套比较合理的拼音方案，卢戆章的23个拼音字母是被吸纳进去了的。"

卢戆章为了汉字改革、推广拼音文字，倾注其毕生资财而在所不惜，以至于晚年家境萧然，一贫如洗，与幼孙二人相依为命，清苦度日。

詹朝霞说，卢戆章在鼓浪屿埋首研究拼音字母二十八年，他的身上有很强的中国传统士大夫精神，"君子固穷也"。

1928年，卢戆章先生因心脏病发作逝世，享年七十五岁，遗体安葬于鼓浪屿鸡山。1998年，卢戆章墓被公布为第四批市级文物保护单位。

卢戆章在厦门的故居有两处，一是在鼓浪屿，一是在他的出生地同安古庄村。同安古庄村卢戆章故居是一栋具有浓厚闽南民居风格的两进双护厝砖木建筑，由卢戆章的先人卢中于清代嘉庆年间所建。

本章照片由林聪明拍摄。

陈化成：浩气长存，砥砺后人

读过中国近代史的人都知道，在第一次鸦片战争中，有位死守吴淞口的抗英名将——陈化成。这位民族英雄出生于同安

丙洲，任福建水师提督时又驻守厦门，如今在厦门留存有多处与他有关的历史遗迹。

陈化成，字业章，号莲峰，同安丙洲人，鸦片战争时期守卫吴淞的抗英名将。

在厦门市思明区中山路附近的草埔巷9号，有一处陈化成故居。走到这里，只见门口有一块石碑，上面镌刻着"厦门涉台文物古迹陈化成故居"字样。故居石门上的篆刻对联已经褪色，门扇上的红漆脱落不少，留下斑驳的痕迹。

清道光十年（1830年），陈化成被提任为福建水师提督，驻守厦门城。厦门市博物馆研究馆员靳维柏告诉记者，在厦门居住期间，陈化成买下了这座前后二进、占地面积100多平方米的房子作为府邸。

> 靳维柏说："他担任水师提督的时候生活非常简朴，这处故居是他用自己的薪俸购置下来的，就是一个正房，三开间，非常平淡普通的一所民房，陈化成担任福建水师提督期间就一直居住在这里。"

陈化成在厦门为官期间体恤百姓、关心民生，经常帮助穷困的百姓和士兵，自己却过着简朴的生活，他还用自己的薪俸为家乡出版了一部《厦门志》。

靳维柏说:"陈化成在担任福建水师提督期间,资助了厦门的书院,使厦门的文教事业向前推进了一步。同时他又资助开印了道光版的《厦门志》,这也是我们今天研究厦门历史的最重要的一篇地方历史文献。"

鸦片战争爆发后,陈化成调任江南提督,驻守要塞吴淞口。1842年6月16日清晨,英军攻打吴淞西炮台,陈化成指挥激战两个半小时,击毁击伤敌舰四艘,使英军不敢正面登陆。不料东炮台失陷,陈化成腹背受敌。

当部将请求陈化成离开炮台时,他表示"有进无退,予欲以死报国",并拔佩刀身先士卒与敌肉搏。战斗中,他七处受伤,血透征袍,最终阵亡。

如果不是院子多了两块标明身份的旗杆石,记者很难想象这样普通的民居,曾经是水师提督的府邸。

走进故居,让记者更为吃惊的是:旗杆石旁拉起了晾衣绳,挂着几件衣服;挂有陈化成遗像的正堂里,也堆放着晾衣竿、纸箱等杂物;陈化成睡过的石板床甚至被改造成了灶台,灶台上摆放着砧板、菜刀、锅盖和其他零散的物件,污迹斑斑。有住户告诉记者:他们都是暂时租住在这里的,并不是陈化成的后人,这里目前一共住了六七户人家。

靳维柏告诉记者:"这处房子年久失修,在六七年前,陈化成的嫡孙还在,当时老人家也已经八十多岁了。他去世后,房子居住条件比较差,后代又无力维修。政府也准备采取一些措施,想要把这个产权收归公有,然后对它进行比较完好的修缮,有关部门也一直在做这个工作。但是涉及私人产权的问题,有时候推进的速度可能受到一些影响。"

陈化成殉难后,清道光皇帝下诏厚殓并抚恤其后人,准予在殉难处和原籍立祠,赐谥号"忠愍"。

靳维柏告诉记者:"他的灵柩从上海吴淞运回到厦门,然后在金榜山北麓这儿建了墓园,进行了安葬。公园西路的陈化成祠堂是在陈化成英勇牺牲以后,道光皇帝敕建的一个祠堂。"

位于金榜山麓上的陈化成墓,总面积约 700 平方米。1961 年被列为福建省第一批文物保护单位,2001 年被列为第一批厦门涉台文物古迹,2006 年被列为第六批全国重点文物保护单位。

整个墓园呈梯形,在墓的正中间是一座铜铸的陈化成半身像,顶戴花翎,目光炯炯,右手拔剑,彰显出陈化成誓死杀敌、忠义凛然的英雄气概。

靳维柏说:"陈化成是一位伟大的民族英雄,在厦门的历史上将称号提到'民族'这个高度的,只有三位,第一位是郑成功,第二位是陈化成,第三位是陈嘉庚。陈化成的丰功伟绩应该说对于中国人民来讲是一份宝贵的文化遗产,他是厦门可歌可泣的一个英雄人物。"

本章照片由记者肖扬拍摄。

嘉庚建筑："穿西装，戴斗笠"之谜

有这么一个奇人：他赚的钱，全掏出来办学——可以！留给子孙——不可以！他盖的学校，署名集美学校、厦门大学——可以！刻上自己的名字——不可以！不求留名，却声名远扬，他就是被教育家黄炎培誉为"毁家兴学"之人的陈嘉庚。

如今，陈嘉庚成为厦门精神的象征，以他名字命名的建筑也成了厦门名片。

走进厦门大学，难免叫人羡慕：这里学生上课、老师办公的地方，竟然有十五栋"国保建筑"，也就是全国重点文物保护单位。它们是群贤楼群、芙蓉楼群和建南楼群等。虽然楼名不同、建的年代也不同，如今它们却约定俗成地被称为"嘉庚建筑"。这是因为当年校主陈嘉庚亲自主持了建筑选址、设计、建造的全过程，倾注了无限的心血。

> 嘉庚建筑研究者、厦大历史系教授庄景辉说：
> "老有人说我：为什么你一讲到陈嘉庚就好激动？那是因为我在撰写《厦门大学嘉庚建筑》《集美学校嘉庚建筑》两本专著时，越深入研究嘉庚建筑，就越发感佩嘉庚精神！"

链接：人物名片——陈嘉庚

陈嘉庚1874年10月21日出生于福建省同安县集美社（今厦门市集美区）。他十七岁前往新加坡从父经商，后来成为富甲一方的"橡胶大王"。

成为实业家后，陈嘉庚不惜倾其所有，兴办教育。

> "诚以救国乏术，亦只有兴学一方，纵未能立见成效，然保我国粹，扬我精神，以我四万万民族，抑或有重光之一日。"

虽然他只上了九年私塾，却创办了一所大学（厦门大学）和一个超级学村（集美学校）。

庄景辉说，陈嘉庚创办厦门大学并非突发奇想。之前他在集美创办中小学时，就发现师资难找。"专制之积弊未除，共和之建设未备，地方之实业未兴，此四者欲望其各臻完善，非有高等专业知识，不足以躐等而达。"而当时福建还没有一所大学，于是他决心倡办厦门大学。

1919年8月，他在上海聘任全国教育界名流蔡元培、黄炎培等人为筹备委员，着手创建厦门大学。

北大校长蔡元培一度反对急办厦大，提出"厦大不宜速办"的观点，认为大学所需要的经费、师资等条件不足。

雪上加霜的是，在筹备厦门大学的一次会议上，陈嘉庚以为自己"振臂一呼"，先认捐开办费100万元、经常费300万元（分12年支出），大家就会纷纷捐款，结果却是无人响应。

这些都无法动摇陈嘉庚创办厦大的信念。而他的坚决，从日后"宁可卖掉大厦，也要支持厦大"事件中可见一斑。

群贤楼群是厦大最早开工的嘉庚建筑，建于1921年。按照纽约茂旦行的建筑师墨菲的方案，原本五座楼设计成"品"字形组合，但陈嘉庚不赞同，他把"品"字形改为了现在的"一"字形。庄景辉说："他把墨菲的品字形，改成一主四从（即以主楼为中心，其他四幢楼从楼沿两侧对称一字排开）。因为品字形组合比较占地，方向失利，又失南风之益，改为一字形排开后，前面开辟体育场，有利于学生运动锻炼。"

由于纽约茂旦行的工程造价过高，陈嘉庚不同意把校园建筑工程交给茂旦行承包。为节约开支，他主张就地取材，采用闽南一带盛产的既坚固又美观的花岗岩，并自行设计，自行购料，自行雇工施工建设。

在陈嘉庚的亲手设计和督造下，1922年厦大第一批校舍——群贤楼群落成。楼群由五座楼组成：主楼名为"群贤"，取"群贤毕至"之意；主楼两边各是"集美"楼与"同安"楼，用的是陈嘉庚先生故乡的地名；东西两端的两座各取名为"映雪""囊萤"，引用的是晋代孙康冬月映雪读书与车胤囊萤照书的勤学典故。其中映雪楼牌匾是陈嘉庚亲笔题写。

中国闽南传统的燕尾脊、红砖墙、琉璃瓦，混搭西洋风格的石柱、栏杆、百叶窗……嘉庚建筑中西合璧的特色，被大家形象地比作"穿西装，戴斗笠"。陈嘉庚创办的是西式教育，最早盖的也是西式建筑，可后来为什么变成土洋结合了呢？

> 庄景辉告诉记者："当年正当群贤、集美、同安三座楼工程紧张进行的时候，陈嘉庚突然从新加坡来信提出修改方案。他说你这三楼的屋盖一定要建成中国传统的宫殿式建筑。原本设计的是西式屋顶，临时才改建的。（为什么临时这么想呢？）他有一段论述，说一个民族，抹杀自己民族传统建筑形式，只求模仿洋化是不应该的。'无论走那条路，亦须保留我国文化，乃能维持民族精神。'"

有人说，嘉庚建筑"穿西装，戴斗笠"的设计，意图是"把中国屋顶骑在西方屋身上，以此来舒畅国人在海外饱受压抑的心情"。

庄景辉认为，这完全是一种误读。

"我做了一个统计：厦大的嘉庚建筑35座，'穿西装，戴斗笠'的只有7座；集美学村的嘉庚建筑64座，'穿西装，戴斗笠'的只有20座。两者合起来，27座，只占总数的27%，如果想东方骑在西方上，为什么不都骑上去呢？事实上，陈嘉庚的胸怀并没有这么狭隘。他的想法，正如在《厦门大学校旨》开宗明义指出的：'本大学之主要目的，在博集东西各国之学术及其精神，以研究现象之底蕴与功用，同时阐发中国固有之美质，使之融会贯通，成为一种最新最完善之文化。'"

厦门大学开办后，陈嘉庚独立承担了所有费用。但从1926年起，他所经营的企业不断走下坡路。

大儿子陈济民曾经劝父亲说："每个月汇给厦大和集美学校的经费不是小数目，请慎重考虑！"但是陈嘉庚却回答："你不要担心，我生活很简朴，有一碗稀粥喝就好了。"他是这么说的，也是这么做的。

女婿李光前1927年离开陈嘉庚公司，自立门户的时候，曾向老岳父表示，他想在陈嘉庚公司入股，当个小股东。陈嘉庚却不答应，他说："我赚钱是为了办教育，你赚钱是为了发财，还是别来入股了！"

后来世界经济危机来临,公司处境艰难。陈嘉庚坚定地说:"宁可变卖大厦,也要支持厦大。"他说到做到,后来竟然把在新加坡已传承给儿子的大厦卖了,以解燃眉之急。

1937 年,陈嘉庚实在无力维持厦大办学,将厦大无条件捐献给了政府。始终被称为"校主"的陈嘉庚,在 1949 年后还继续筹资,为厦大修建了建南楼群、芙蓉楼群等校舍。

1961 年 8 月 12 日,陈嘉庚因病在北京逝世。逝世前他曾交待,国内银行还有 300 多万元,"全不留给子孙"。其中 250 多万元用作集美学校建筑和集美学村的福利基金,50 万元捐为北京华侨博物馆建筑费。

嘉庚建筑除厦大的十五栋外,还有集美学村的十七栋同时被列为全国重点文物保护单位,包括尚忠楼群、允恭楼群、南侨楼群、南薰楼群等。

黄炎培曾经评价陈嘉庚:"发了财的人,而肯全拿出来的,只有陈先生一人。"这当中还有一个细节是:陈嘉庚自个儿掏钱盖了那么多大楼,却从不刻上自己的名字。

庄景辉说:"陈嘉庚为什么想来办学校?正如他所说的:'以尽国民一分子之天职焉'。好像天降大任于我,我应该来做这事。陈嘉庚淡泊名利,他不以名命校名楼名,而以校名楼名而永名!你不命名,反而名声更大!"

什么是嘉庚精神?

写完两本嘉庚建筑的专著后,庄景辉有了自己的理解:就是诚以待人,毅以处事;自强不息,止于至善。(分别来自厦门大学校训:自强不息,止于至善;集美大学校训:诚毅)

"我常跟学生们说,我们应该学习嘉庚什么?"庄景辉教授说,"说白了,就是学他没钱应该怎么赚钱,有钱应该怎么花钱!"

本章题图照片由记者陈颖拍摄,历史档案照片由庄景辉提供。

石壁街上的王宅

在厦门繁华的中山路背后，有一条石壁街。这条街上坐落着一座百余年历史的老宅，门口的牌匾上清晰地刻着"王人骥故居"五个字。王人骥是何许人？这座"王宅"又有什么故事？

狭窄的小巷，古朴的墙壁，"王人骥故居"就坐落在中山路背后的仁安社区石壁街10号。2013年，它被公布为厦门市思明区未定级不可移动文物。

这是一座典型的闽南传统红砖四合院民居，占地面积达440多平方米，有前厅、后厅，还有东西厢之分。大小屋子都算起来，有十六间，属于砖木结构房。老宅门窗上的精致雕花透露着这里曾是名门望族的背景。

如今看家护院的是王世昌和王世元两兄弟。哥哥王世昌今年已经八十一岁了，弟弟王世元比他小十岁。

王世元告诉记者，他们的祖父王人骥是清末著名的台湾举人，1878年出生，字选闲，号蒜园，清末民初台湾安平人。甲午中日战争爆发后，他随家人一起内渡到了厦门。

王世元说："1895年，日本占领台湾以后，我祖父就跟祖母、父母亲到厦门，他不愿当亡国奴，放弃台湾的资产，台湾籍他都不认，归籍龙溪。"

链接：人物名片——王人骥

他十五岁成为庠生。甲午中日之战，清廷割让台湾，他内渡归籍龙溪，居住厦门，曾在福建乡试中考中举人，随后赴日本留学，毕业归国，补会计司主事，晋员外郎，后告假归厦门。民国后，任思明中学校长。厦门沦陷后避居鼓浪屿。

王世元说:"我祖父来厦门后先租房子住,然后就买这套房子,这套房子是人家刚建好的。本来是有两落,后面那一落在抗日战争的时候,因为没有柴火烧,就把房子拆掉了。"

　　1903年,王人骥在福建乡试中考中了举人,随后赴日本留学。学成后回国担任清政府法部会计司主事,授"中宪大夫",晋升员外郎,还曾受到光绪皇帝的接见。

　　王世昌说:"圣旨我小时候还看过,很长。我那时还问他,你看过皇帝的样子吗?他说哪敢看,低着头进,低着头出。"

　　由于看不惯清朝政府的腐败,王人骥很快就以父母年事已高,需要有人在身边照顾为由,请辞回到厦门。

　　回到厦门后,王人骥致力于发展地方教育。1906年,王人骥与当时几位有名望的人士一起创办了厦门中学堂(后改名思明中学、省立厦门中学,1949年后后又发展出现在的厦门一中、厦门五中),开创了厦门第一所由中国人自己创办的新式学校。

　　1909年,王人骥还自费创办了自治研究所,推行新政。而后,王人骥又出任厦门思明中学校长,在任职校长的六年时间里,王人骥倡导推行教制和教材的改革。在这之后,王人骥又与王氏宗亲集资创办了和安小学,亲自担任校董会董事长兼校长,主持学校的教学和行政事务。

抗日战争期间,厦门沦陷,日本侵略者多次软硬兼施,威胁逼迫王人骥当汉奸,他都坚决不从。

> 王世元说:"当时日本侵略者因为知道他的名气,知道他在日本留过学,精通日语,一直软硬兼施,让他出来任职,我祖父是坚决不肯。"

王世昌透露,王人骥的心愿就是等日本战败后回台湾看看。1947年,王人骥病逝,"没有能够再回台湾"也因此成了王人骥最大的遗憾。

> 王世昌说:"他那时跟我讲,等胜利以后,台湾收回来,他要去。他是一定要等台湾收回来。(等到1945年的时候)他已经不行了,有病了,他都没去成。"

王世昌回忆说,鼎盛时期,老宅内曾经住过二十多口人,有丫鬟、佣人、花匠等。厦门解放时,他们家还曾把房子腾出两间,作为解放军连队的文化室和卫生室。

回忆起过往,两兄弟还历历在目。如今,他们的后代都在

外奋斗，平时只有他们两兄弟轮流看护这座祖宅。不过逢年过节时，王家的子孙后代都会欢聚在院里当年由王人骥亲手栽种的杨桃树下，喝着两兄弟酿的杨桃汁，听他们讲述祖辈的故事。

本章照片由记者刘普拍摄。

大厝山古墓奇谈

清道光年间,厦门出了位大书法家,他就是有着"台湾金石学宗师"之称的吕世宜。然而他到底葬在哪里?直到2006年,他的墓才被后人发现。如今,位于厦门大厝山的吕世宜墓已经整修一新,并列入厦门涉台文物古迹名录。

吕世宜墓是怎么发现的?

在南普陀寺后山上,至今留有吕世宜的一处题刻,上面写着意味深长的三个大字:"都放下!"而在题写"都放下"的第二年,也就是咸丰五年(1855年),吕世宜撒手人寰。

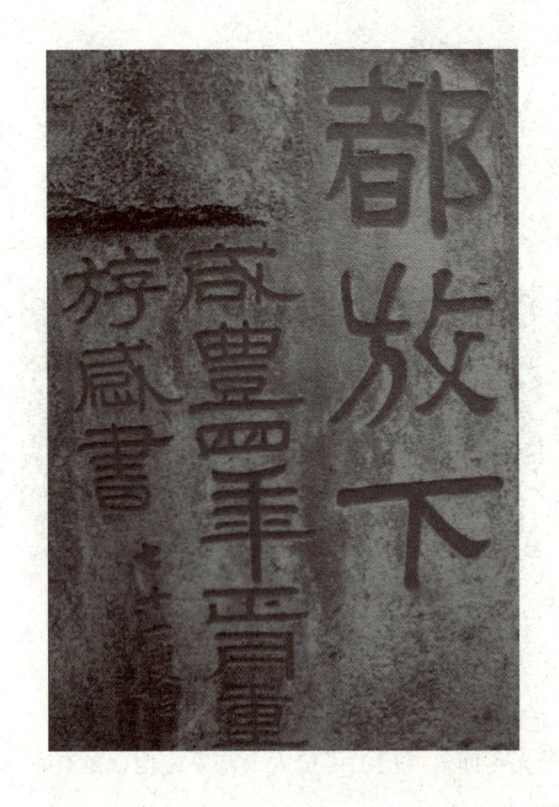

关于吕世宜的墓葬，《台湾通史》《金门志》等史料上均记载为厦门大厝山，但具体在哪里？这个秘密被埋葬了150多年。直到2006年，厦门书法爱好者张文杰在新开发的大厝山旅游区晨练，意外发现了吕世宜墓。

张文杰说："2006年11月中旬，当时东坪山（大厝山是东坪山的一部分）开了一条晨练的山路。那天早上我在这条路上一直走，突然眼睛一亮，不得了:大清吕西村墓!因为我的老师翁铭泉(原厦门市书法家协会副主席兼秘书长)家里有一幅8米高的书法,就是吕世宜的隶书,所以我对吕世宜的字还是比较了解的,一看就能看出来。"

只见路边一块花岗岩的墓碑上,六个大字"大清吕西村墓",字体为吕世宜擅长的隶书。因为祖籍金门西村,吕世宜别号"西村"。不了解他的人,根本不会想到吕世宜就是吕西村。再加上这里曾是军事禁地,外人难以进入,所以才造成古墓独处深山人不识。

吕世宜墓被发现的消息传出后,也惊动了海峡对岸。金门当地报纸开辟专栏报道,金门著名书画家、《西村吕世宜》一

书的作者吴鼎仁还专程赶来厦门拜谒。

厦门文史专家何丙仲告诉记者，吕世宜之所以被誉为"金门一千六百年来惟一的书法家"，又有"台湾金石学宗师"之称，是因为他不仅在金厦两地书院讲过学，还曾经应台湾富豪林国华邀请，教读林家子弟，并把金石学引入了台湾。

何丙仲介绍说："吕世宜生活在厦门，祖籍金门，所以金门文化界对他非常推崇。而且咸丰年间他又到过台湾，对台湾文化贡献很大。因为他在那边宣扬传统文化、国学，台湾文化史也是把吕世宜当作很重要的人物来记载。"

吕世宜墓虽已重见光明，但由于盗墓贼捷足先登，吕世宜的墓志铭早在"文革"期间就被盗走，卖给文物贩子。

辗转几手后，这一出土文物现被金门书画家吴鼎仁重金买来收藏及研究。如今，留在大厝山的吕世宜墓，由市文物部门加固修缮，并在2008年公布为厦门市涉台文物古迹。

链接：人物名片——吕世宜

吕世宜（1784—1855），字可合，号西村，祖籍金门。今厦门南普陀寺的吕世宜记事题刻，自称"同安吕世宜"，是因为古时金门属同安管辖。

从吕世宜自撰的《吕西村自作墓记》及其他资料考查：吕世宜出生于金门，幼年时期，随父亲移居厦门。嘉庆十三年（1808年）二十五岁时中秀才、道光二年（1822年）三十九岁时中举人。

三十岁开始，吕世宜和同窗叶化成学习书法，擅长各种字体，特别是篆书、隶书。他最著名的篆书字迹中大多是线质结构，风格偏向铁线篆或者玉箸篆。何丙仲说，吕世宜好书法，研究起来可谓如痴如醉。"吕世宜的睡床上面摆着文房四宝。古代那个木床不是有抽屉吗？闽南的古床抽屉一大堆，一般人家是放其他东西的，吕世宜却放文房四宝。这样他在床上可以随时拿碑帖起来看，看到手痒就爬起来写。"

虽然吕世宜被认为是清代厦门最有成就的书法家，但在国内知名度却不高。何丙仲认为，一部分原因是吕世宜擅长写隶书，而不是当年流行的楷书。更何况吕世宜功名不顺，道光二年（1822年）三十九岁时才中举人。后经好友推荐晋京做了翰林院的典簿，但他因为生性耿直，特立独行，不久便辞官回家，继续过闭门读书、研究书法、金石学的生活。

道光十一年（1831年），以金石作品为引，吕世宜在厦门得到兴泉永道道台周凯的赏识和提携，被招入玉屏书院，担任董事生员，协助管理院中生员。他先后在金厦两地书院讲学，还应周凯之邀参予编纂《厦门志》《金门志》，并独任总校，书中题签序跋均由他缮书。

何丙仲说，虽然吕世宜得到周凯的赏识，但他以"片纸不入官门"自居,就是一张纸也不会进入官门,不会去说情,只跟周凯在道义文化方面进行交往。"吕世宜是很纯粹的一个文人,道德风尚让人也很钦佩。"

道光十七年(1837年),吕世宜五十三岁时被台湾富豪林国华聘请入台,他不但是板桥林家的家庭教师,还是著名的林家花园的设计师之一。当时,林家在桃园大溪即大嵙崁设立汲古书屋,由吕世宜全权经营。

吕世宜除了辅导国华、国芳及其他林家子弟,还为林家搜罗古籍、古金石碑铭、字画等。汲古书屋成为台湾早期收藏最丰富的民间文化机构之一。

在台湾二十年,吕世宜为林家购置善本图书数万卷、金石拓本数十种,策划、营建驰名两岸的林本源别墅,园内枋桥亭园的楹联楣额,也多为吕世宜书法。

吕世宜于咸丰五年(1855年)逝世。除有大量墨宝传世外,还著有《爱吾庐文钞》《古今文字通释》等书。

吕世宜墓图片由文保员傅小燕提供,"都放下"题刻由记者陈颖拍摄,合影由张文杰提供。

卷四 鼓浪屿往事

洋人球埔的故事

鼓浪屿上有一个历经百年风雨依然状况良好的体育场——洋人球埔旧址，这里曾是鼓浪屿国际社区的重要活动场所之一。2018年，洋人球埔旧址被公布为福建省文物保护单位。

说起鼓浪屿的"人民体育场"，很多人都知道。但您知道它的前世今生吗？

1872年，美国领事李仙得（C. W. Le Gendre，又作李让礼）把通往田尾、港仔后、日光岩三岔口的一片土地，擅自划界，围以矮墙，辟成球场，专供外国人使用。后来，随着美英各国水兵的到访，这里又增设了足球、棒球、橄榄球等团体竞技项目。居住在鼓浪屿的外国人还曾经在此举办过家庭迎新运动会，当年的许多场景都留下了珍贵的黑白老照片。

厦门著名文史专家、鼓浪屿申遗顾问彭一万告诉记者："厦门人把洋人叫番仔（闽南语），所以整个球场就被称为'番仔球埔'。当时主要是用来打网球、打高尔夫球，偶尔也打棒球。到 1903 年鼓浪屿正式成为万国公地以后，很多外国人都跑到球场来踢球，不仅是住在鼓浪屿的外国人，当时更多的是外国军舰的水兵，有些所谓的高等华人、有钱的华人也可以进去。"

洋人球埔的设立无疑来自李仙得等西方人的公共观念，将大片绿地保留下来作为集体户外活动场所。那么，这个小球场是如何演变成为中国现代足球运动的发祥地的呢？

彭一万介绍说："英国人在 1863 年正式设立现代足球运动，在鸦片战争之后，英国人就把这种足球运动形式传入中国，最早传到的就是鼓浪屿。为了活动需要，工部局还建了看台、运动员的更衣室等，球场就不断在扩大。大概 20 世纪初，我记得鼓浪屿有一个白马足球队，还有英华书院足球队，也能够到场里面来参赛。这两支参赛队伍是中国人的足球队,而且他们还跟外国水兵来比赛,所以我们才会说番仔球埔是中国最早的足球场。"

20世纪30年代末厦门沦陷,日本在鼓浪屿逐渐取代各国的势力,洋人球埔成了日本博爱医院等人员独霸打棒球的场所。

彭一万说:"到了七七事变以后,曾经厦门抗日后援会鼓浪屿分会的青年学生们,在这个场地里演出了《放下你的鞭子》等抗日戏剧,这是人民体育场的一段光荣历史啊!一直到1941年,球场才能够正式向中国人开放,在这之前都是被洋人、所谓的高等华人或者是专业球队占据着。"

20世纪20—30年代的番仔球埔,主要还是为外国人开放。

1949年以后，洋人球埔改名为"人民体育场"。

1956年10月，体育场修建完工，从此真正成为群众性运动场所。

20世纪90年代末的人民体育场，依然是在曾经的番仔球埔。

2011年，这个体育场又改名为"马约翰体育场"。

2015年，洋人球埔旧址被评为市级文物保护单位。

> 厦门著名文史专家、鼓浪屿申遗顾问何丙仲介绍说："马约翰是鼓浪屿人，我们纪念他、弘扬他的精神，就是为了发展体育运动、增强人民体质，他那种精神是值得我们去弘扬的。"

从洋人球埔到人民体育场，再到今天的马约翰体育场，百年体育场至今仍焕发出蓬勃生机。这个球场不仅代表着西方体育精神所体现的现代公共观念，更重要的是它印证了厦门在中国近代中外关系中的特殊地位，它见证了历史上鼓浪屿国际社区的风云变幻。

题图"番仔球埔"老照片由何丙仲提供，马约翰辅导学生照片由鼓浪屿马约翰纪念馆提供，马约翰体育场照片由记者子悦拍摄。

救世医院的希望

一百多年前,厦门鼓浪屿诞生了这么一家救世医院:医生不但技艺高,而且态度好;有钱没钱,都给看病,穷人还能免费看病!救世医院的创办人——美籍荷兰人郁约翰既是医学博士,又是建筑师,他亲手设计的救世医院,以及鼓浪屿"地标建筑"——八卦楼,如今都被列为全国重点文物保护单位。

2017年5月,故宫鼓浪屿外国文物馆在鼓浪屿一开张,就大受欢迎。可你知道吗,故宫鼓浪屿外国文物馆所在地在一百多年前,曾是一家有口皆碑的救世医院。它的创办人郁约翰因为传奇的人生，以及救死扶伤的事迹，至今被人铭记。

郁约翰（Dr. John Otto）1861年生于荷兰，六岁时随父母移民美国，1886年毕业于密歇根大学，获医学博士学位。1888年1月13日，他奉美国归正教会的指派，远渡重洋到厦门鼓浪屿传教，在此努力学习汉语，并于次年奔赴平和创办小溪救世医院。1898年，他在鼓浪屿燕尾山河仔下建救世医院。1910年郁约翰在鼓浪屿逝世，享年四十九岁。

故事就从1898年4月说起。这一年郁约翰三十七岁，他筹资在鼓浪屿河仔下（今鼓新路68号、80号，现故宫鼓浪屿外国文物馆所在地）建立了厦门第一所正规西医院——救世医院。

这位来自美国的医学博士，为什么不惜远渡重洋，奔赴鼓浪屿开办医院呢？鼓浪屿文化研究学者、郁约翰传记《一个伟大的凡人》翻译者詹朝霞告诉记者，这是因为郁约翰还有一个特殊身份——美国归正教传教士。

> 詹朝霞说："为了传递福音，他希望建一所医院，既医治人的身体，也医治他们的心灵。1898年，他在鼓浪屿建立这所医院，取名为'Hope Hospital'。'Hope'就是希望，我们中文把它翻译为救世医院。鉴于当时中国妇女保守的传统观念，郁约翰又于1905年创办女医馆。由于得到了荷兰

女王威赫敏娜的资助,这个女医馆又名威赫敏娜医院(Wilhelmina Hospital)。至此,医院全称为救世男女医院(Hope & Wilhemina Hospital)。"

郁约翰亲手设计的救世医院,是一座两层楼砖结构的西式建筑,里面诊室、透视室、药房、住院病房一应俱全,还附设小礼拜堂、食堂、厨房等。抱着"济世救人"的理念,救世医院为所有病人服务,不分信仰,不分贫富贵贱。

作为首任院长,郁约翰大部分时间花在医院里。为了便于和病人沟通,他学会了一口流利的闽南话,还给自己取了闽南式的中国名"乌珠隶"。在鼓浪屿人印象中,这个"乌珠隶"不但医术精湛,而且待人和善,常常为穷苦人免除所有看病费用。

詹朝霞说:"在郁约翰的医院里,各个阶层的

> 人都有，有富人，有乞丐，有清高的学者，有官员大吏，还有目不识丁、生存在社会底层的苦力工。他济世救人，对病人一视同仁。如果没有一颗慈悲的心，他是做不到这一点的。所以，即使是一个乞丐，他也会跪下来，为他的康复祷告。"

当时到救世医院就诊的病人，大多来自厦门周边的乡下，有的甚至来自东南亚的马尼拉、仰光等地。门诊病人只需付3分钱买一支标有号码的竹卡，就可以在救世医院获得免费诊治，并且可以重复使用；而住院病人只需付5分钱的餐费，就可以在救世医院得到免费治疗。

为传播医学的种子，1900—1932年，救世医院附设医学专科学校，学制五年。郁约翰在世时每周花九个小时给学生上课。他早期的学生陈天恩、黄大辟等人后来成为闽南地区一代名医。

> 詹朝霞说："受传统观念的束缚，当时中国妇女不肯让男医生看病，更不愿意让男医生接生，郁约翰为此创办了一个'护士之家'，专门培养本地女护士。1926年，郁约翰逝世16年后，救世医院开设闽南地区首家护士专科学校，即发源于此。"

1910年春天，厦门鼠疫横行。郁约翰为救治一位鼠疫病人，不幸感染病毒去世，享年四十九岁。

> 詹朝霞说："1910年4月14日晚上9点30分，他在鼓浪屿停止了呼吸。临终前，他没有一声抱怨，只担心别人感染。他的遗言是用闽南话说的。对于远在美国的妻子弗兰西斯和孩子们的担忧，对于救世医院未来发展的关怀，是郁约翰最后的牵挂。"

1910年4月15日下午6时，郁约翰的葬礼在鼓浪屿的伦敦公会教堂举行，近千名中外人士参加了告别仪式。按照郁约翰的遗愿，隔天凌晨1点，他被安葬在鼓浪屿传教士墓地。他为鼓浪屿奉献了一生，鼓浪屿也成了他永久的故乡。

从医院开办到郁约翰去世，十二年来救世医院共收治了1.7万多名住院病人，13.5万多位门诊病人，开展过7500多次手术。

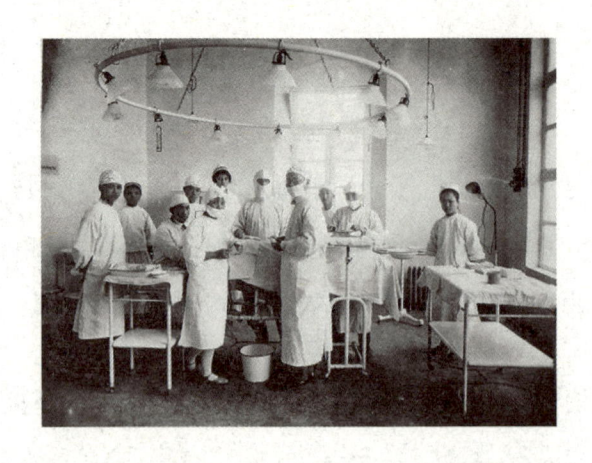

郁约翰去世后，救世医院在院内小礼拜堂设立了郁约翰纪念堂。他的学生陈天恩、黄大辟等在礼拜堂南侧前造塔镌碑，以纪其功，其中用一句"石可泐，骨可朽，先生功德不可没"概括了郁约翰对鼓浪屿的贡献。

如今，在原救世医院院内，竖起一块展示牌，上面文字介绍了郁约翰的事迹，并写道："纪念碑四面分别用闽南白话字、英文、荷兰文和拉丁文书写他的生平和功绩。2002年重修此碑，闽南白话字被译为汉语，呈现出今天的模样。"

花絮：郁约翰拜见中医叶豆仔

当年鼓浪屿有不少来自闽南各地的中医，叶豆仔便是其中一名。这位人称"斗姑"的奇女子擅长儿科，医术精湛。曾被郁约翰"宣判死刑"的幼儿，在她手下却化险为夷。郁约翰为此曾登门向叶豆仔求教。

链接：多才多艺的郁约翰

郁约翰不仅是医学博士、传教士，还是杰出的建筑师。除了救世医院，厦门同文书院、林鹤寿别墅（八卦楼）、黄大辟自宅（船屋）等多座建筑都出自他的设计，设计所得收入用作医院的建设和运行费用。郁约翰心灵手巧，不仅擅长木匠活，亲自为救世医院盖屋顶，还设计了一台风力洗涤器。据说他在摄影方面也有造诣，为鼓浪屿、厦门及周边地区留下了许多珍贵的图像。

链接：救世医院的前世今生

1941年12月，鼓浪屿沦陷，救世医院一度被迫停办。抗日战争胜利后，救世医院复办，夏礼文担任院长，为最后一任"洋人"院长。1951年，救世医院由厦门市人民政府接手，与鼓浪屿医院合并为厦门市第二医院。

2010年4月10日，鼓浪屿文化社群以及厦门各界人士在鼓浪屿救世医院旧址举行了"大爱无疆——郁约翰逝世一百周年追思会"，缅怀这位为闽南地区医疗卫生事业作出巨大贡献，并为此献身的国际友人。

2013年3月，救世医院旧址被国务院公布为全国重点文物保护单位。

2017年5月，由救世医院旧址改建的故宫鼓浪屿外国文物馆对外开放，成为故宫藏外国文物的固定展出地。

救世医院原址、鼓浪屿故宫文物馆照片由记者陈颖拍摄。

延平戏院的文化印记

在鼓浪屿上，曾经有这么一家特别的戏院。说它特别，是因为这家戏院建在菜市场楼上，戏院人气甚至比菜市场人气还旺，而且它放映的电影，早在八十年前就能跟美国好莱坞电影同步。这就是延平戏院。

在鼓浪屿市场路6号，如果不是立着一块硕大的牌匾"延平电影博物馆",很难留意到小巷里那幢早期现代风格的老建筑。八十年前,鼓浪屿鼎鼎有名的延平戏院就诞生在这里。

鼓浪屿文化学者吴永奇告诉记者,延平戏院的由来有些偶然:1927年,当时旅居缅甸的华侨王紫如、王其华兄弟来到鼓浪屿,看中延平戏院这块地的商业价值,原本想盖商品住宅,开发房地产,但规划图与申请书一报上去,并没有得到当局的同意。到工部局审批的时候,工部局不同意,因为工部局有一个规划,只能允许建菜市场,这实际上是无法赚钱的。他们想了一个方法,就是在一楼菜市场的上面开一个戏院,一楼的菜市场用来聚人气,二楼的戏院可以演戏、演电影。

就这样,原本打算盖商品房的土地建成了一座菜市场,菜市场的楼上则是能容纳710人的戏院,这就是延平戏院。

从1931年营业以来,这里人气越来越旺,一度成为鼓浪屿

最繁华的地方。那时，买菜之前先看场电影，或者买完菜后看场电影，成为鼓浪屿人的生活时尚。

吴永奇介绍："我觉得鼓浪屿的核心地带，一直到20世纪80年代初，就是这个地方。电影实际上白天也放，有时候跑片子，因为片子不是鼓浪屿独有的，得跑到厦门拿片子。拿片子的过程就挺逗，别的地方拿片子人家就骑个自行车，自行车一边挂几盘，就走了。到鼓浪屿得乘船，乘船就热闹了，船不是受你管制的，船得等，这边片子快放完了，那边还没上去，慌张的上船把片子抖撒了，撒了一地片子。这个地方也出现过断片的情况。"

当时鼓浪屿只有一座这样集电影、说书、唱戏于一体的戏院，上座率极高，几乎天天爆满。当时一些热门场次的电影甚至还出现了黄牛倒票的情形。随着时代的变迁，戏院曾改名为"鼓浪屿戏院""鼓浪屿影剧院""鼓浪屿电影院"。但不管名字怎么改，电影始终是戏院招揽人气的法宝。

吴永奇说："20世纪30年代到40年代刚好是美国文化引入中国的一个重要时间段，当时美国好莱坞的电影和中国是同步上映的，好莱坞有什么

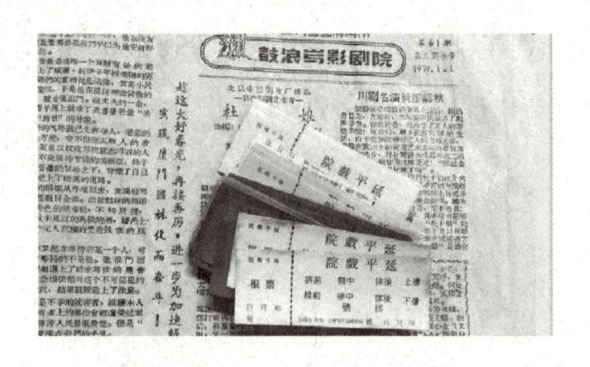

电影，这边就有什么电影，很先进！这个电影院使用频率最高的是 50 年代到 60 年代，当时西方的片源断了，我们的友好国家很多都在东欧，所以开始引进阿尔巴尼亚等东欧各国电影，还有印度电影、巴基斯坦电影，这些东西就都来了。"

20 世纪 80—90 年代，随着电视兴起，延平戏院逐渐被冷落，低潮时甚至被改造成了卡拉 OK 包厢、仓库、公寓等物业形式对外出租。1987 年鼓浪屿音乐厅建成后，鼓浪屿电影院停映。但在老鼓浪屿人心里，延平戏院留下了无法抹去的文化印记。

2016 年，延平戏院被重新修缮，这座停映了近三十年的戏院，逐渐恢复了它本来的面貌，回廊被打通，有了进出口。戏院楼下也建成电影博物馆，延平戏院再度回到了鼓浪屿人的生活当中。2018 年，延平戏院旧址被列为福建省文物保护单位。

本章照片由记者谢文龙拍摄。

荔枝宅前的百年书院

在"海上花园"鼓浪屿的笔架山麓，有一所百年老校——厦门第二中学。它的前身之一，可以追溯到1898年创办的英华书院。而今厦门二中初中老校区就是英华书院旧址所在地。

鼓浪屿英华书院原名 Anglican-Chinese College（ACC），意为英伦与中华合办之学院，又称"中西学堂"，由英国伦敦公会传教士山雅格于 1898 年创办。书院地址就在今天鼓浪屿厦门二中初中校区。

相传当年书院门口种植了荔枝树，老鼓浪屿人又习惯把英华书院的所在地称为荔枝宅。

时任厦门第二中学校长兼党委书记吴启建介绍说，19 世纪中后叶，大量的西方教会来到了中国。鼓浪屿是最早登陆的地点之一，成为中西文化碰撞最激烈的地方。当时英国教会有一个名为山雅格的传教士，1898 年 2 月在鼓浪屿办了一所中西学堂，取名为英华书院。

吴启建介绍:"一直到1924年的时候,学校才更名为英华中学。它的学制有点像西方,那段时间开始按照规范的学制,就用'三三制',初中三年,高中三年。"

1900年,受英国伦敦教会选派,华人郑柏年协助英国人管理英华书院。在他的推动下,大礼堂、宿舍楼、小运动场等纷纷落成。

吴启建说:"现在二中的原址上还有两栋楼是鼓浪屿的风貌建筑,一栋是1936年建的百友楼,一栋是1937年建的41号楼。英华的主教学楼在20世纪70年代给拆了,建了新的校舍。当时那栋楼是1913年建成的,格局是'同'字格,包括教学楼、礼堂等建筑在一块。"

1924年,英华学生增加到数百人,使它成为福建著名的中学。这所学校曾经走出过"两院院士"顾懋祥、卓仁禧、洪伯潜,钢琴家殷承宗等优秀校友。

吴启建告诉记者:"英华书院当年的办学质量吸引了大批的华侨把孩子送回到英华来读书,就是因为它的教学方式、学科建设和国际接轨,重视科学教育,同时也重视中国的传统文化教育。特别是郑柏年校长接任以后,特别重视中国传统文化的教育,实行全面的素质教育。"

1952年,英华中学并入福建省厦门第二中学,原英华中学所在地成为福建省厦门第二中学永久校址。

2018年,英华书院旧址被列入福建省文物保护单位名录。

正因为继承了英华书院的教育传统,如今的厦门二中形成了英语、音乐和足球三大办学特色。

吴启建说:"(学校的办学特色)一是英语,当时鼓浪屿有很多洋人,对外交流比较多;二是音乐,厦门二中出了非常多的音乐人才。最有名的是钢琴家殷承宗,还有国家大剧院的艺术总监陈佐煌;三是足球,英华书院创办人山雅格喜欢足球,学校成立之初很快就组建了一支足球队,20世纪30—40年代在整个福建省、东南亚是非常有名气的。"

英华书院在鼓浪屿的教育史上有着独特的地位,为鼓浪屿的整个教育事业做出了贡献,培养了大批人才,也繁荣了鼓浪屿的文化。

本章厦门二中照片由肖雯馨拍摄,历史档案图片由吴启建提供。

首开厦门女子教育先河的毓德女学校

在鼓浪屿田尾路 14 号，有一座红砖尖顶、拱形门的两层建筑，这里正是见证鼓浪屿以及厦门女子教育历史的毓德女学校旧址。正是有了它，厦门才首开女学先河，这样的女子学堂在当时的中国寥寥无几。

一百七十年前，那是一个男尊女卑、封建礼教观念根深蒂固的时代，大部分女子地位低贱，要想读书识字简直是奢望。1842 年，美国归正教会派传教士雅裨理来到厦门（这是美国教会在中国登陆的首站），紧随其后的还有归正教相继派来的其他传教士。

位于田尾路14号的毓德女学校旧址，建筑正立面横向划分三段。中间入口部分顶部设三角形山墙，三种不同宽度的外廊开洞相同，两侧部分则为文艺复兴风格的连续圆拱外廊。

这所学校经历了怎样的历史和演变？

1870年，美国教会以"读经班"的形式在厦门竹树脚礼拜堂创立女子学校，也就是后来毓德女学校的前身。

到了1880年，因为竹树脚礼拜堂失火，学校迁至鼓浪屿田尾，后来被称作"田尾女学堂"或"花旗女学"。

这些较早的女学在初期都只是一个教授简单的读、写、算技能的小学堂，尽管如此，这对刚刚开启大门的厦门来说，无疑也是一次冲击社会最底层的震撼。

女学堂开设的学科非常少，最初只是教学生读《圣经》。为了能识字读书，早在1850年的时候，当时的牧师就发明了厦门"白话字"（当时俗称罗马字），也就是用字母拼音的方法跳过识方块字的难关直接"读经"，并且是用厦门的方言去读，女学生们也很快学会读《圣经》和用罗马字写信了。

鼓浪屿文化学者吴永奇告诉记者："有了厦门白话字，传教士差不多三五个月就能试着跟厦门的

> 民众用闽南话交流。闽南的这些女孩子们学习厦门白话字半年左右，就能读下来一篇一篇的文章。厦门白话字大大简化了学习时间，它是文化交流的重要桥梁。"

1889年，田尾女学堂更名为"毓德女子小学"；1910年，学校正式更名为"毓德女学校"。如今走进学堂，当年牧师娘认真教学，穿清朝服饰的女童们认真读书的情景仿佛重现眼前。

> 吴永奇介绍说："重点是，它是女子学校。在1906年，全国受新式教育的女性只有六百人左右，这里已经有上百人了。早期的学生中漳州人比较多，她们大多住校，所以外头有一个漳州路。"

我们来看看史料里记载的女学教育发展：

19世纪80年代末，已经可以用"办得很兴旺"来描述当时女校的状况了。

1889年，田尾女学堂更名为"毓德女子小学"，改名后学校依旧保持良好的招生势头。

1899年，报名的学生达到76人，年龄从八岁到二十一岁不等。在这期间，学校还增设了两个附属师范班，于是具备了中等学校的雏形，其实也可以理解为兼办普通中学的一种过渡。

1910年,学校正式更名为"毓德女学校"。

1910年毓德女学校的几项影响深远的规定,是其教育规范化的典型标志。在这一年,毓德女学校的学生有了自己统一的校服,制定了校徽、校旗,并且正式定校名为毓德。从那时起,毓德便正式铭刻在鼓浪屿教育史上,并且因为其首开厦门女子教育之先河而载入史册,为之后的鼓浪屿、厦门乃至闽南地区的女子教育奠定了坚实的基础。

吴永奇说:"这个学校的伟大之处就在于,它是全国女性解放运动的代表。学校培养出很多学生,著名文学大师林语堂的夫人廖翠凤就是从这所学校毕业的。毕业的那些女性后来基本上都走上了教育之路,她们很多在国内和东南亚各国都从事教育工作,所以第一批中国的女性教师也诞生在这个学校。"

中国最早女学堂之一的毓德女学校堪称中国在那一时期的智慧之光。毓德女学校旧址在2013年被列入第七批全国重点文物保护单位名录。现在,毓德女学校旧址已经改造成为厦门教育展示馆,这里不仅展示着鼓浪屿教育的历史沿革,也让人感触到百年来的教育之光是如何让鼓浪屿人杰地灵、英才辈出的。

本章照片由蔡松荣拍摄,历史档案图片由鼓浪屿管委会提供。

一座售卖闽南语《圣经》的书局

在鼓浪屿福建路43号，有一座古香古色的小洋楼。八十多年前，这里是闽南圣教书局所在地。当年这里编印的闽南白话字《圣经》，曾经远销到东南亚。

现在的鼓浪屿福建路43号小洋楼，开了一间咖啡馆。八十多年前，这里曾是一个闽南教会专门服务教徒的书店。

书局所采用的建筑风格正是当年流行于闽南的华侨建筑造型，建筑外墙为清水红砖墙，窗套、楼层间腰线都用白色洗石子工艺的仿石装饰。

鼓浪屿文化学者吴永奇告诉记者:"闽南圣教书局创立的背景可以追溯到1844年,基督教伦敦公会教士施约翰夫妇来鼓浪屿传教,组织'英国圣书公会',后来归'三公会'管理。圣教书局是一个宣传的窗口。三公会成立以后,信众有很多,受众多达好几百人,需要售书宣传基督教、西方科学,开启技术与文化的交流窗口,所以成立一个专门服务于教徒的书店,最早就是卖书。"

闽南圣教书局成立于 1908 年，最初选址在龙头路。后来教会人士鼓浪屿田氏家族把自家的一块地皮捐献给了圣公教会，教会于 1932 年将书局迁到了现在的地址——福建路 43 号。

吴永奇说，前期闽南圣教书局卖的宗教书籍大多从上海引进，但由于国人识字率不高，能阅读的人不多。怎么才能编写出闽南人读得懂的宗教书籍？当时教会人士想到了简单易学的罗马字母。

"（教会人士）为了和闽南人用文字来沟通，所以用拼写的方式来拼闽南话，罗马字母的拼写方式能解决这个问题。学会用字母拼写闽南话的人，大概三个月就能把《圣经》通读下来，半年左右就能写信，可见这一发明加快了西方文化在中国的传播。闽南语的圣诗、闽南语的《圣经》是用白话字书写的，里面配一些中国字。"

为扩大业务，书局除了出售《圣经》、圣诗外，还委托厦门倍文印刷所和鼓浪屿启新印刷所印刷《圣经教义》等书籍，仅用白话字印刷的书籍就有一百多种，所印书籍甚至远销到东南亚各国。作为当时的文化传播场所，圣教书局除了销售教会典籍外，也销售其他各类文化出版物。

[传教士甘为霖编《厦门音新字典》(1924年版)]

New Dictionary of the Amoy Dialect edited by William Campbell (the 1924 Edition)

吴永奇说:"它也卖季刊、月刊等杂志,纯英文的杂志也放在这里卖,因为这里住了很多外国人,他们需要了解本国或世界的情况,所以报刊之类的出版物也有销售。后来经营到50年代初,圣教书局书店和新华书店合并。"

作为东西方文化融合的见证,闽南圣教书局旧址2013年被福建省政府列为省级文物保护单位。

本章照片由记者谢文龙拍摄。

卷五　老建筑的芳华

鼓浪屿"第一别墅"——黄家花园

黄家花园，位于鼓浪屿晃岩路29号，建于1919年，原为印尼华侨黄奕住回国定居时兴建的别墅。在当时鼓浪屿千余所别墅中，黄家花园最为富丽堂皇，赢得了"中国第一别墅"的美誉。

链接：人物名片——黄奕住

黄奕住，泉州南安人，幼时家贫，十二岁开始学习理发，三年学成后，开始挑着担子，走街串巷为人理发。

19世纪末，黄奕住揣着父母卖掉祖传的一块田地才换来的三十六个银元，带着理发工具，从厦门搭乘木帆船到新加坡。他刚开始仍操剃头旧业，成为当地人熟知的"剃头住"。

四年间，黄奕住从新加坡辗转到印尼的棉兰、爪哇，后改行做商贩。黄奕住贩卖土产杂货，从事糖栈生意，直至成为印尼爪哇四大糖王之一。

到1919年，曾经的"剃头住"已经成为跨商业、银行、保险、房地产等多行业的商界巨子。

1919年，黄奕住回国后决定定居厦门鼓浪屿，便买下了原英商德记洋行的产业——"中德记"。

> 黄奕住第五代重曾孙黄建介绍："中德记这个名字是这么来的：以前鼓浪屿有一个英国德记洋行，现在的大德记浴场，以前是他的码头，中德记是他的办公室，小德记是他的仓库。中间本来是一栋红砖砌的楼，叫'二写'（闽南人对副经理的俗称）写字楼。现存的就是中德记这本产权证，上面很清楚写着1917年7月向林叔庄购买产业。"

1919年8月，黄奕住在"二写"住宅两侧建造对称的两幢别墅，称"南楼""北楼"，安置家小。1921年，黄奕住拆去"二写"的住宅，兴建"中楼"。因此，黄家花园由中楼、南楼与北楼组成。

黄建说："中德记这个花园当时差不多只有五栋，北楼旁边有一个小北楼，南楼旁边有一个小南楼，然后中楼有一个地下室，都是佣人房。每栋楼都有前后两个楼梯，大楼梯是主人在走，后面的佣人区域有小楼梯。当时他也很讲究风水，一些外观啊包括布局，就融入一些中西方元素。西方元素是这种对称式的园林设计，然后中方的设计是像中楼中间那个水池，呈八卦形，里面雕刻着八个生肖。"

"要富要学黄奕住"，从这句流传闽南的俗语，便可一窥"印尼糖王"黄奕住在闽南地区的影响力。黄建告诉记者，当时黄家花园刚刚落成时，恰好是黄奕住母亲的七十大寿，前来

贺寿的人络绎不绝。他说，那时候黄家花园门口放了一个木桶，里面是红色的水，放着银元。进来的人或路过的人都可以拿一个，然后一拿手就被染红，就不能再拿第二遍了。

回国后，黄奕住先后投资筹建厦门电话股份有限公司、厦门自来水公司，与当年许多定居鼓浪屿、满怀爱国热情的华侨名流一起，逐步成为鼓浪屿、厦门乃至闽南地区公共设施建设、工商业发展的主导力量。

> 黄建说："林尔嘉名下有电话公司'telephone'，当时音译过来叫德律风电话公司。黄奕住收购了这间电话公司，然后又收购了日本的电话公司，把两家公司合并起来。那个时候他跟林尔嘉经常合作，还一起参与厦禾路建设，并打算建设鹰厦铁路，完善厦门运输。但因为林尔嘉晚年身体不太好，后来鹰厦铁路的建设由陈嘉庚推动完成了。"

1945年，黄奕住在上海逝世，终年七十八岁。

> 黄建说："黄奕住过世前，交代我们后人这些房子不能出让不能卖，必须留在黄家人手里。所以在落实政策的时候，我爷爷把房产证上的产权归属人全办成'黄聚德堂'。虽然黄聚德堂这个公司现

在没有了,但是我们现在看待它就像我们家族的名字一样,我们祖上所有房产证都用了这个名字。现在鼓浪屿很多家族的房子都已经出让,就只有我们的留到今天。"

从20世纪50年代开始,黄家子孙将黄家花园交给政府管理,花园的身份也几经改变。

黄建说:"那时候厦门宾馆还没建起来,这边就变成干部疗养院,大家也一直叫这个地方'三所',即厦门第三招待所。第三招待所再演变下去,是鼓浪屿宾馆。然后到2007年归还给我们,那个时候我爷爷黄长溪还在世的时候签的这个归还协议。"

20世纪80—90年代,邓小平、尼克松、李光耀等许多中外政要曾经在此小住或参观游览。《保密局的枪声》《小城春秋》等电影拍摄时,也曾在黄家花园取景。

黄建说:"我爸成为家族的代理人,从鼓浪屿管委会把黄家花园移交过来之后,我们就开始维修,发现经费不够后就找家族的元老讨论,说'以房养房'。一间房子做好了,我们出租出去,以这个收

人继续再维修其他的房子。就这样一间一间开业了，直到今天。"

　　黄家花园归还给黄家后人后，花园被重新修缮，现在依然作为度假旅馆使用。如今，黄家花园是鼓浪屿申遗的五十三个核心要素之一，2015 年被列为市级文物保护单位，2018 年被列入福建省文物保护单位。

本章照片由黄建提供。

南薰楼：厦港地区八十年历史的地标建筑

在厦门老城区厦港街道，矗立着一座有故事的"地标"建筑：楼顶上明明写的是"南薰楼"，为什么民间却叫它"鹦哥楼"？抗日战争时期，差点被"强拆"的南薰楼，是怎么躲过一劫的？

南薰楼坐落于厦港街道民族路60号－72号，始建于1936年，1939年基本竣工。当年这是厦港片区最高大、最漂亮的建筑。登上楼顶，视野高远，鼓浪屿、九龙江入海口和蜂巢山、鸿山等尽收眼底。

南薰楼的建筑风格在当时的厦港独树一帜。南薰楼主体四层，直角处为五层，观景敞廊亭后面天台花园边上，又设一八角小观景亭，可供眺望观赏厦门湾的海天美景。整座洋楼的长廊廊柱大多为爱奥尼克柱式，少许为科林斯柱式，柱身上部装饰有浮雕和风铃。整体建筑既简约大方，又具有闽南地域特征，形成中西结合，西式为主的格调。

南薰楼之所以叫"南薰",是来自《孔子家语》——"南风之薰兮,可以解吾民之愠兮",大意是温和的南风可以消除心中的烦恼,使人心情舒畅。

长期以来,为什么南薰楼又被称为"鹦哥楼"呢?

南薰楼设计建造者骆玛稳的第三代孙女婿陈马宝说,这是因为民间的误传。

"因为在这栋楼五层正面的上方树立着一只展翅飞翔的雄鹰,所以老百姓把这栋楼俗称为鹦哥楼。但有一点要明确,这只鸟是雄鹰,不是鹦哥。"

陈马宝告诉记者,南薰楼的大业主是旅居越南的华侨谢画锦先生,与他爷爷骆玛稳是至交。当年,在国外学过建筑设计的骆玛稳正在厦门经营一家建筑公司。于是谢画锦先生便把回乡修建别墅——南薰楼的任务全权委托给了骆玛稳。

但楼房在20世纪30年代末建成后，正值日军侵占厦门，远在越南的谢画锦先生始终没能回到厦门居住。

陈马宝说，当时日军入侵厦门后，很快就占领了处于制高点的南薰楼，还在楼顶架起了高射炮和重机枪。为加强对厦门的控制，日本人打算在厦门的入海口建设一个军港，把南薰楼附近的建筑都拆除了。

"南薰楼也被日本军官列为拆除的对象，但鉴于谢画锦先生在东南亚的威望以及南薰楼的雄伟壮观，日本军方不敢擅自拆除。他们就将骆玛稳爷爷叫到他们的司令部，要老爷爷签字同意拆掉这栋大楼。老爷爷坚持不签字，并且说大楼不是我的，我是受委托管理这栋大楼的，我无权签字。日本军官将战刀架在老爷爷的脖子上，强迫他签字，但老爷爷临危不屈。可以说骆玛稳爷爷是以命相搏，保住了这栋大楼。"

骆玛稳被日本人关押了一个星期，因为他拒不签字，南薰楼保住了。

如今，经过八十年的风雨洗礼，南薰楼依然屹立，但建筑外沿引人注目的两只狮子和三只雄鹰雕塑，均在"文革"时期被毁。2013年，这栋中西合璧的历史风貌建筑被公布为思明区未定级不可移动文物。

本章照片由记者肖扬拍摄，历史档案图片由陈马宝提供。

天一楼回响

八十多年前,厦门流传着这么一个"好人有好报"的故事。故事说的是同安一对吴氏兄弟,原本是摇橹的船工,因为拾金不昧结识了"贵人"后,摆渡人变成了生意人,穷小子"逆袭"成了大富豪。他们发家后盖起一幢豪宅,至今依然是厦门老城区的"地标"建筑之一,它就是"天一楼"。

中国建筑技术集团副总建筑师廖宁是土生土长的厦门人。小时候,他曾住在天一楼旁;长大后,成为古建筑专家的他,又对天一楼中西合璧的建筑风格着了迷。

廖宁说:"天一楼让人过目不忘,它是厦门装饰风格的集大成者。精致的花岗岩基座、红砖墙、雕花窗套和窗楣……整栋建筑既有经典的欧式符号,又有闽南风格特色,中西合璧,内涵丰富。值得一提的是,它的窗槛墙采用了闽南特殊工艺,叫糖水灰雕,就是把糯米磨成浆,拌红糖,再拌上石灰、沙,塑出来的,可以经历百年不坏。"

关于天一楼的主人吴氏兄弟,当年民间传得最多的就是他们"拾金不昧"得以发家的故事。

廖宁说:"最初吴氏兄弟不是当艄公吗?有一次他们撑船送一个外国人过渡到鼓浪屿。人送走了,才发现，船上多了一个箱子，里面有证件、钱等物品。兄弟俩生怕失主找不到，就把生意停下来，一直在码头等。等到傍晚老外来了，兄弟俩赶紧把箱子还给了他。那个老外非常感动，他正好要在闽南拓展他们亚细亚火油公司的业务。看到这对诚实的兄弟，就说你们想不想做生意？想不想赚钱？我把闽南总代理的业务给你们做……民间是这么传说的。"

传说中的故事是真的吗？随后记者走访厦门市思明西路天一楼巷21号，找到依然住在天一楼里的吴氏兄弟后人：第二代吴亚明（吴氏兄弟共有十三个儿子，他排行最小，又被叫作吴十三）、第三代吴志煌（吴亚明之子）。记者向他们求证，得到了父子俩肯定的回答。

今年八十一岁的吴亚明说，拾金不昧的吴氏兄弟就是他伯伯吴清体，爸爸吴文屋（字德润）。

吴亚明说："我们是同安石浔村人。我大伯比我父亲大十来岁，因为家里穷，连饭都吃不饱，哪有钱读书？所以他们都大字不识一个！大伯十六七岁的时候，揣着奶奶给的三文铜板跑来厦门讨生活。一位船老大看我大伯可怜，收留他在小木船上帮忙。随后我爸也过来一起摇橹运货。就是在他们一起摆渡的经历中，有了拾金不昧的事情。"

吴志煌说："爷爷吴文屋过世时，我还没有出生。但听父辈说，咱吴家当年能够兴旺起来，靠的是拾金不昧，诚信做人，善心得到了回报。"

20世纪初，中国没有自己生产的蜡烛、火柴、汽油等工业品。这些民生用品，全靠从外国进口。因为拾金不昧结识了洋人，吴氏兄弟意外地获得了代理销售"洋蜡烛""洋火柴""洋油"等物资的机会。这些"洋货"很畅销，吴氏兄弟也迎来了好日子。

兄弟俩在轮渡开设"合福庆"商行（地址在今鹭江道邮电大楼隔壁）后，生意越做越大，从代理亚细亚汽油发展到代理荷兰渣华轮船公司厦门业务。吴亚明说，最兴旺的时候，厦门十一个码头，有八个都被用来装卸吴家的进出口货物。

发家后，吴氏兄弟想让整个家族住在一起，于是买了两亩四分地，请来设计师，盖起了当年厦门最气派的豪宅——天一楼。

天一楼建筑面积有2700多平方米，共三层，外观设计成雄伟的双楼一体建筑，象征两兄弟之间的亲密感情。

吴亚明说："天一楼从买地、设计、准备材料、建成，头尾用了差不多十年。由于我们家族是做进出口贸易的，又有十三艘万吨大船跑航运，所以除

了墙体的砖请烧砖师傅来做，其他建筑材料基本进口，甚至窗户连窗台都是整扇从国外订制好了运进来的。"

1931年11月5日，是吴文屋的五十寿辰，天一楼选在这天举行落成仪式。从当年的"全家福"可以看到，吴氏兄弟端坐在第一排正中位置，左边是吴文屋，右边是吴清体，他们之间站着一个小男孩。

吴亚明说："我大伯和我爸爸的感情很好，他们一起做生意，从来不分彼此。兄弟俩一共有十三个儿子，六个女儿，都合在一起排辈分。我们兄弟全都住在天一楼，最兴旺时住了三百多人，包括丫头、奶妈、保姆等。这么多人吃饭怎么办？请了几个厨师来做饭，开饭了，就靠敲钟来通知大家。"

厦门沦陷后，吴氏家族不想屈服于日本人，于是全家到香港避战。后来又举家迁回鼓浪屿租界住了六七年，直到日本投降后才搬回天一楼。其间吴天助（吴亚明的大哥，天一楼落成仪式老照片中，他在最后一排正中）参与抗日救亡运动，但不幸被日本人杀害。

厦门解放前夕，吴氏兄弟先后过世，生意没落。根据遗嘱，天一楼房产主要分给了包括吴亚明在内的七个儿子。1953年，天一楼大部分接受了"房改"，政府安置了六十多户居民进来。至今天一楼还住有四十二户外姓人家。

吴亚明说："天一楼'房改'后，刚开始留给我两间房子。可是1969年我跟我老婆'上山下乡'，回来后只有一间房子住。现在两个儿子成家了，其中一个不得不住在走廊搭盖的房子，我也住在搭盖的阁楼里。"

从1931年天一楼举行落成典礼，到现在八十多年过去了。饱经风霜的天一楼依然屹立不倒，只是物是人非。曾经辉煌的吴氏家族如今大多分布海外，四世同堂的热闹景象早已不在。由于年久失修，乱搭盖严重，再加上住户混杂，缺乏管理，天一楼内部遭受破坏严重。

2013年,天一楼被列为厦门市思明区未定级不可移动文物。

吴志煌告诉记者,2015年海内外吴家后人已经集体向厦门市公房管理中心提交了归还继承手续,但目前还在等待审批……

"希望有朝一日,天一楼能在后人手里恢复原貌。"

链接:天一楼和庆让堂

"天一楼"名字的由来,据说是因为吴氏兄弟经营的物品大都与"火"有关,因此建筑布局中隐有"天一生水"的含义,取水能制火、水能生财之意。

天一楼在民间鼎鼎有名,但整栋建筑却只见门楼上铭刻"庆让堂"三字,而不见"天一楼"字样。为什么天一楼又叫庆让堂?

吴亚明听闻说,楼盖好后,按风俗是长兄为大,可以先挑住哪个朝向的房间(天一楼坐西朝东,住东边向阳,比西边好得多),但大哥执意要让小弟先挑。一番谦让后,最后还是弟弟住了东边,哥哥住在西边。于是后来这座楼取名为"庆让堂",大概就是"合福庆"的"庆"字,加上兄弟礼让的意思。"庆让堂"三字由当年文化名人林济川题写。

本章题图、天一楼落成老照片由吴志煌提供,窗台照片由记者陈颖拍摄。

一座老宅，两代兴学人

在厦门市前埔村，有一座名为"林氏小宗"的老宅，如今已有一百一十多年的历史了。这座老宅里曾出过两代兴学人。

前埔村206号，坐落着一座晚清中式民居风格与西方装饰色彩相融合的老宅。这座老宅始建于清光绪三十一年（1905年）。正门上刻着四个大字——林氏小宗。

林氏小宗的第一代主人名叫林云梯，生于1866年。

林云梯的曾孙女林招治告诉记者，她听父辈们说，她的曾祖父自幼家境贫困，十岁的时候父母就过世了。成为孤儿的林云梯举目无亲，以沿街卖油条为生。

> 林招治说："我的曾祖父十三岁的时候随乡亲南渡去了菲律宾，在商铺里当伙计。过了十多年后，他自营了一间棉布小商铺，慢慢就扩大经营，发展成为'胜泰'布庄，还一度被称为菲律宾的'棉布大王'。"

致富之后的林云梯一心致力于教育和社会福利事业。他曾捐建菲律宾普智学校，捐助菲律宾华侨教育会、马尼拉华侨公学、泉州西隅学校，还为中国华北灾民捐款赈济，并担任菲律宾善举公所董事等多种职务。不仅如此，他还不忘家乡孩子的教育。回厦门后，林云梯特聘塾师，免费给全村的孩子上课，升学者由他资助。

1918年，林云梯病逝，他的第四个儿子林珠光子承父业后，也不忘继续完成父亲的遗愿。他知道父亲林云梯的心愿是让更多的人有接受教育的机会，因此他从南洋回到厦门后，在1919年10月与厦门商界知名人士一起创办了"双十乙种商业学校"。这所学校就是厦门双十中学的前身。

林招治说:"听我的父辈讲,他曾捐助了四万银元扩建双十中学校舍,每年捐助经费五千银元,长期担任校董事长。同时他也做了很多慈善事业,比如1936年,他出资组建菲律宾第一支中华女子篮球队。抗战初期,他率领女篮举办义赛,全部门票收入用于救济抗战伤病军人和难民。"

林氏小宗老宅占地面积1000多平方米,由一座三进大厝和一列护厝组成。它的建筑装饰丰富又精细,可以说是集闽南清式民居之大成。老宅不仅采用大量石雕、木雕、砖雕,还有彩绘、堆塑、水墨、绿釉镂空砖等装饰。

特别值得一提的是,老宅建筑的墙身、墙柱、门柱和门楣,都镌满了楹联及诗文。诗体包括行书、楷书、草书、隶书、篆书,内容或为个人抒情咏志,或为古诗词名句。

如今,这座有着一百一十多年老宅的外观整体保存完整,2013年被厦门市思明区政府列为未定级不可移动文物。

本章照片由记者刘普拍摄。

卷六 凝固的信仰

厦门的千年古刹——南普陀

　　来厦门玩，怎能不去著名的南普陀寺"拜拜"？这里不仅是香火兴旺的闽南佛教胜地，还是文物荟萃的"千年古刹"。

　　厦门文史专家龚洁告诉记者，南普陀寺的香火，已经传承了千年。因为这座"千年古刹"的历史，可以追溯到唐代末年的泗洲院。

　　"现在大雄宝殿上边有一副对联，叫'经始溯唐朝与开元而并古，普光被夏岛对太武以增辉'。

> 我们的南普陀'经始溯'到哪里呢，到唐朝，跟泉州开元寺一样古老。菩萨保护厦门岛，对着南太武增光辉。"

唐代之后，寺院几经重修，也几经更名。直到清康熙二十三年（1684年），靖海侯施琅平定台湾后，驻扎厦门，捐资修复毁于战火的寺院，并增建大悲阁奉观音菩萨，寺院才被命名为南普陀寺。

说起施琅与南普陀的缘分，还有个流传三百多年的故事。

> 龚洁说："台湾打下来了，施琅在回来的路上，在船上做了一个梦。梦里观音菩萨告诉他，你现在在海上叫'东海慧日'，太阳升起来了，那个太阳叫慧日，就说明是吉利的，你做了大事情了。他回来以后就到南普陀去拜菩萨，结果出来接待他的一个和尚的名字就叫慧日。他就说，这个事情应了观音菩萨的愿，他要还愿，因此（重）修南普陀。"

为什么取名"南普陀"？南普陀寺书记、弘法部部长、闽南佛学院讲师了瑞法师告诉记者，在民间流传着两种说法。

> "有的人说是因为这个岛是在浙江普陀山的

南边，才称为南普陀寺。另外一种说法是根据《华严经》里面的记载："于此南方有山，名普陀洛伽山，彼有菩萨名观自在。"他从这个经文里面抽取了'南普陀'三个字，就形成了这么一个名称。慧日和尚自然而然就被归为南普陀的开山祖师。"

民国初年,南普陀寺建成三殿七堂俱全的禅寺格局,成为近代闽南最具规模的名刹。如今走进南普陀寺可以看到,沿着中轴线,依次分布着天王殿、大雄宝殿、大悲殿和藏经阁。东西两侧依次升高的回廊,围护在三殿两侧,层次分明,俯仰相应。

大雄宝殿的正后方就是大悲殿,是当年重建南普陀的时候施琅将军新建的,专门用于供奉观音菩萨,当时殿名为大悲阁。1928年因香炉失火,大悲阁经历四年多的重建,于1933年落成,改名大悲殿。目前的大悲殿是一个八角亭式的建筑,顶部有三重飞檐。每层檐顶都有八角形,并且每个角上面都雕有龙尾,中心的藻井由斗拱层层叠加而成。

> 了瑞法师说:"大悲殿原来是木制结构,全部是以斗拱架叠的方式建成的,全殿没有一根铁钉。后来因为白蚁的侵蚀,在1963年的时候,更换为钢筋水泥结构,并且增加了1米的高度,其他部分基本保持原貌。里面供了四尊观音菩萨,分别立在四个方位,正中的是双臂观音,端坐在莲花上,其他三尊都是四十八臂观音。"

历经千年的风雨洗礼,如今南普陀寺依然留有多处文物古迹。其中,大雄宝殿2005年被列为福建省文物保护单位。

了瑞法师告诉记者:"大雄宝殿在转逢和尚当寺院住持的时候进行过一次重建,大致是在1921年的时候。当时基本上是采用花岗石,设有翘脚、飞檐,雕刻各种各样的图案,建筑也是比较精致的,非常有闽南地区的特色。"

2006年,大雄宝殿里的木头遭到了白蚁的蛀蚀,损毁严重。南普陀现任方丈则悟大和尚主持重新进行了一次翻修的工作。

在南普陀寺院内以及后山的五老峰前,留下许多历代摩崖石刻和碑记。其中明代将领陈第、沈有容的题名石刻,1982年被厦门市政府列为市级文物保护单位。

了瑞法师说:"这两个人都是明代的抗倭名将,沈有容在万历年间,曾经三次入台湾,去歼灭倭寇。陈第还有一个音韵家的身份,他当时大致是做到了前营游击将军的官职。这两个人都是在中华民族对抗外来侵略方面比较有影响力的人物。"

南普陀寺里还有许多造型不一的僧人塔(僧人墓群),2013年被思明区政府列为未定级不可移动文物。

了瑞法师说:"在佛教来说它叫舍利塔,老和尚圆寂之后都是火化的。他们的骨灰还有灵骨,都是建塔来安奉的。这些塔的造型也是不一样的，有圆顶的、尖顶的，并且有的层数也是不一样的。现在在南普陀的后山大致有十到二十座塔，最早可以追溯到康熙年间，也就是我们的开山慧日老和尚的塔。近代的有太虚大师的，有妙湛老和尚的等等。每一代人都对南普陀寺做出了一些比较卓越的贡献，所以后代弟子们才为他们建塔来安奉。"

从乾隆二十九年（1764年）至民国初年，南普陀寺经历了几代住持或全面或局部的重修、整修、扩建。

了瑞法师说："1937年抗战爆发后，南普陀寺曾经被国民党军队占领过，并且还引来了日机的轰炸。佛学院的讲堂和院舍都被炸毁过，学僧和僧众都纷纷疏散避难了。1938年的时候，据记载南普陀寺只有几个年老的僧人还住在寺院里。到了20世纪80年代，在妙湛老和尚手上，南普陀寺80%的主体建筑都重新进行了一次大修。"

1983年，南普陀寺被定为汉传佛教的全国重点寺院。如今，南普陀寺不仅是佛教圣地，也成为厦门旅游必选的名胜古迹。

本章照片由记者肖扬拍摄。

一座见证天主教在鼓浪屿传播的唯美教堂

在鼓浪屿上，有一座唯美的百年老教堂，外观是典型的"哥特风"，内部色彩斑斓、浪漫非凡。这座鼓浪屿天主堂占地面

积不大，却见证了天主教在鼓浪屿的早期传播。

全国各地来鼓浪屿拍婚纱的新人，大多喜欢在鹿礁路 34 号这座美丽的鼓浪屿天主堂前留个影。这座古老的天主堂建于 1917 年，历经百年风霜，风采依然。

这座教堂的历史，要从西班牙多明我会传教士马守仁说起。老鼓浪屿人、原厦门市委宣传部副部长林聪明告诉记者，1916 年，马守仁被罗马教廷任命为厦门教区主教。为更好地在鼓浪屿乃至整个闽南地区传播宗教，他决定第二年建立一座具有西方特色建筑风格的天主教堂。

林聪明说："当时中国人很多是接受不了西方宗教的，开始的时候，他们都是租借民房进行传教的，后来到了一定的时候才开始建教堂，因为教堂本身就是一个标志。"

鼓浪屿文化学者吴永奇说，鼓浪屿天主堂的建成还有一个历史背景：当时包括杨在田（杨家园主人，菲律宾富商、华侨）在内一批菲律宾华侨回到鼓浪屿居住，也为天主教的传播奠定了基础。

吴永奇说："当初鼓浪屿有大量的菲律宾华侨富豪回来建房，菲律宾是天主教发展成熟的区域，厦门的天主教都是菲律宾传来的。回来的华侨有些都是好几代信天主教，在鼓浪屿住着，跑到厦门去活动不方便，所以在鼓浪屿建了天主教堂。"

鼓浪屿天主堂由西班牙建设师设计，漳州工匠负责施工。教堂坐西北朝东南，建筑面积232平方米，为砖石木结构。前部为钟楼，共三层，一层为入口，二层为歌经楼，三层为钟塔。一眼望去，能看到哥特式尖塔、尖拱尖窗，连立面装饰、门楣窗棂、镂空女墙也都是尖形的，再配上灰白的墙体，使得整个天主堂看起来庄重与浪漫并存。走进去，只见光从彩色玫瑰花窗投射进来，一片色彩斑斓，整个教堂充满了宗教氛围。

林聪明说："玫瑰花窗是哥特式建筑的特色之一。教堂正门上方的大圆形窗，内呈放射状，镶嵌着美丽的彩绘玻璃，因为玫瑰花形而得名。实际上，西方宗教在鼓浪屿或者闽南的早期传播，都是经历了一个比较长的过程，不是很容易的，毕竟是两个不同文明的冲突。这个还是一个比较纯粹的哥特式的建筑，实际上更大的文化内涵是和宗教有关系的，哥特式的建筑本身就蕴含着很多宗教的内涵在里面。"

鼓浪屿天主堂建成以来，长期作为天主教堂使用。2006年，作为近代鼓浪屿教会传播的重要历史见证，鼓浪屿天主堂被列为全国重点文物保护单位。

本章照片由记者谢文龙拍摄。

种德宫的"快乐神仙"

在厦门鼓浪屿，有座道观很"接地气"：庙虽小，香火却很旺，一年到头祭拜活动多，形式丰富有趣。这就是种德宫，几百年来它生生不息，见证了鼓浪屿历史最悠久的保生大帝民间信仰。

记者穿过鼓浪屿迷宫般的小巷，找到内厝澳373号时，眼前豁然开朗。只见榕树下，香炉前，一大一小两对石狮护卫着一座宫庙，门上木匾写着"种德宫"三个字。

这是座小庙，建筑面积约78平方米。清水砖墙，琉璃筒瓦，屋顶高高翘起的燕尾脊，再加上龙、虎、凤、花卉等交趾陶装饰……整座宫庙呈现出浓郁的闽南建筑特点。

现任住持陈国煌道长是地道的鼓浪屿人，管理种德宫有二十多年了。他告诉记者，种德宫的香火已经延续了三四百年，供奉的主神一直是保佑世人健康平安的保生大帝。

> 陈国煌道长说："种德宫是怎么建起来的？学者通常的说法是，古时候鼓浪屿发生过瘟疫，那时候医疗条件差，被病痛折磨的居民只能把希望寄托在保生大帝这个'医神'身上，于是到邻近的同安白礁慈济宫（保生大帝祖庙之一）请保生大帝来镇，镇了以后就把瘟疫都治好了。"

为什么是保生大帝？

保生大帝，俗称吴真人、慈济公、大道公，是闽南著名的道教地方俗神。和岳飞一样，保生大帝也是个历史人物，他原名吴夲（一说是吴本，979—1036年），生于福建泉州府同安县白礁村（今属龙海市角美镇），是北宋闽南名医。

吴夲不但精通医术，而且医德高尚。他对病人不论贫富贵贱都一视同仁，救人无数。五十八岁时，他上山采药，不慎坠崖仙逝。后来他被民间尊为救死扶伤的"医神"，立庙奉祀。闽南至今流传他"丝线把脉""医龙眼""治虎喉"的神奇故事。

明洪熙元年（1425年），吴夲被朝廷追封为"恩主吴天金厥御史、慈济医灵妙道真君、万寿无极保生大帝"。（保生，意即保护苍生；大帝，是对神明的一种尊称。）

据清道光年间编写的《厦门志》记载，"内厝澳之种德宫"供奉之神即为"吴真人"。

走进种德宫，先闻到一股香火味。拜殿里不时有善男信女进进出出，焚香礼拜。供桌后的神龛黝黑发亮，被香火熏染出一层岁月的痕迹。正中心就是保生大帝神像，金面黄袍黑须，面容慈祥，两眼炯炯有神。

除了保生大帝，种德宫还供奉了注生娘娘和土地公，还有保生大帝的配神——坐骑虎爷、文武元帅、三十六官将等。

有意思的是，这些神像无一横眉怒目，个个是一副慈眉善目、面带微笑的"快乐神仙"，很有亲和力。

陈国煌道长说："你看我们的神明都笑嘻嘻的，很随和，可以当自家的祖先来祭拜，不用畏惧。我们香火很旺，每年至少烧一两吨的香，所以你看神龛很快就被熏成这样了。"

种德宫之所以香火兴旺，还在于一年到头，"送神""接神""拜天公""乞龟""乞火进香"等祭拜活动接二连三，形式独特，群众喜闻乐见，已经成为鼓浪屿传统民俗的一部分。

陈国煌道长告诉记者，种德宫一直延续着闽南民间对保生

大帝的祭祀仪式，比如农历三月十五日保生大帝诞辰前后，举办的"进香""设醮犒将"等。

陈国煌道长说："每年正月十二到十八举行的'乞龟'，是我们这个庙最传统的民俗信仰活动。乞龟的寓意是祈求国泰民安、和平幸福。每年做糯米龟，有几百只，总共几千斤。我们这个龟有平安龟，送子龟，还有姻缘龟，品种很多，也很受欢迎。"

陈国煌道长说，种德宫的信众主要来自岛上，固定的有二百多户。但凡举办信仰活动，不但善男信女赶来祭拜，游客也争相前来观看，气氛跟过节一样热闹。

种德宫最初坐落于鼓浪屿西部鸡母山向北延伸西麓坡地小河畔（后称旧庵河）。那里背山面海，是岛上最早的居民点。据

朱维干所著《福建史稿》记载，明朝初年鼓浪屿岛民内迁，明成化之后居民方才回到岛上生活。

1986年，这里发现一座明代古墓，墓主是世居鼓浪屿的黄姓后人黄一鹄，墓志写道"于天启二年十二月二十四日巳时葬在本屿种德宫"。由此推测，种德宫建于明成化到明天启二年（1465—1622年）之间，是当时岛上的地标之一。

几百年来，种德宫不断被毁，又不断重生，鼓浪屿人对保生大帝的膜拜没有停止。注生娘娘、土地公、虎爷、三十六官将等神明也被一一请进种德宫，逐渐形成一庙多神的格局。

清咸丰年间，种德宫因小刀会起义被毁，起义结束后才迁移到现址复建。陈国煌道长告诉记者，现存的种德宫重建于20世纪90年代（之前宫庙又因"破四旧"遭受破坏），基本按原貌修复，其中三扇大门以及部分雕花为原物。作为鼓浪屿文化的见证，种德宫2015年被公布为市级文物保护单位，2018年被列为省级文物保护单位。

链接：保生大帝的民间演绎

保生大帝信仰在民间流传已近千年，祭祀这位"医神"的庙宇慈济宫不仅遍布闽南，还覆盖台湾地区，以及印尼、新加坡等东南亚国家，甚至传播到欧美国家。

有人说，只要有闽南人的地方，就有保生大帝信仰，就有保生大帝的宫庙。

陈国煌道长说，保生大帝信仰在民间已经演绎了多个版本。其中有个版本认为保生大帝现已演变为孙真人（唐代药王孙思邈）、吴真人（宋代吴夲）、许真人（晋代道医许逊）三位一体的神明，形象上分别以金脸、红脸以及黑脸三种面色加以区分。

"传说孙思邈、吴夲和许逊羽化升仙之后，在天上结拜为兄弟。虽然这三位本是不同历史朝代的人，但因为都被当作悬壶济世、救死扶伤的神医，所以也都被人尊为保生大帝了。"

民间还有另一版本的说法，认为金、红、黑脸三尊塑像的保生大帝俱为吴夲。传说吴真人治病时，总要尝药试毒。金面者为未尝药时之常态，红面者为中毒时发作状，黑面者为中毒后之症状，可见吴真人至善之心。

本章题图由记者陈颖拍摄，祭祀仪式照片由陈国煌提供，老照片为紫日收藏。

"中华第一圣堂"——新街礼拜堂

在厦门思明区中山路中华城附近的台光街，有幢白色的建筑物格外醒目，这就是有着"中华第一圣堂"美称的新街礼拜堂。这座始建于1848年的教堂，是我国最早供华人使用的基督教堂。

第一个把基督教带进厦门的是美国归正教牧师雅裨理（David Abeel），他于1842年来到厦门传教。1844年，英国伦敦会牧师施约翰、养为霖也来到厦门。同年4月，美国归正教会的波罗满牧师夫妇、罗啻牧师同时来厦接替雅裨理的工作。

新街礼拜堂传道黄见圣告诉记者："为了创建新街礼拜堂，波罗满牧师回美国募捐了3000美元，由信徒出面，在市中心东边区域，也就是今天的台光街，买了一块长宽为40尺、100尺的土地，还在1848年初亲自参与设计和监工，年初开始建堂，当年年底完工。教堂建成后，波罗满牧师到香港购买大钟，在乘帆船返厦的途中，不幸遭遇海难、以身殉职。"

1928年新街礼拜堂由于年久失修、教堂屋顶塌陷而被拆除。

黄见圣介绍说："原先教堂是砖木结构，规模较小。现在的礼拜堂建筑主体于1933年开始重建，到1935年竣工，属砖石木结构，罗马式建筑风格，共两层。屋顶为三角形木屋架，红色两坡屋面，古典山花，屋顶前端是钟塔，塔平面呈六边形、穹窿顶，顶上置十字架，塔内悬挂1848年始建时购置的美国制造铜钟一口。"

新街礼拜堂是砖石结构的西式建筑，占地面积1200多平方米，其中主堂建筑面积约800平方米。

新街礼拜堂正立面设宽敞行廊,前廊柱子由六根高达6.5米的白色罗马式廊柱承托着山墙,古雅壮观。中门两侧分别嵌有中华基督教全国总会题赠的两方93厘米长、55厘米宽的青斗石石刻,一题为"中华第一圣堂",另一题为"耶和华驻驿之所"。

新街礼拜堂可以说是厦门近代五口通商以及中西文化碰撞的一个见证。新街礼拜堂在其百年的历史当中,也曾经历过多次大修,但原来的面貌基本得以保存。

新街礼拜堂文保员陈惠琴说:"中华城完工一年后,我们就申请修复礼拜堂,由省厅推荐有资质的施工队伍进行装修。修葺过程中所有的结构都没有碰,因为这个墙是两层的,外面是石头,是实心的,有55厘米厚,里面是砖砌的,于是只把砖削下来,贴上加固网,再抹水泥上去,而整个外墙都没有变动。大家都觉得教堂很新哦,其实我们都没有动结构,基本保持原样。"

新街礼拜堂在1982年被厦门市人民政府公布为第二批市级文物保护单位,2005年由福建省政府公布为第六批省级文物保护单位。

本章照片由黄见圣提供。

三一堂的"美妙之音"

在厦门鼓浪屿上,有座"国保级"老建筑,它不是音乐厅,却有着音乐厅的音响功能;它不是博物馆,却有着博物馆一样奇妙的故事。这就是耗费六十六年打造的三一堂。它一波三折的发展之路,也见证了以基督教为代表的西方文化在鼓浪屿的传播历史。

走到鼓浪屿中心位置——安海路69号,很多人都会"眼前一亮":这里有座美丽的基督教教堂,总建筑面积约2000平方米。主殿堂正十字外形，以红砖为主色调，青石、白山墙为衬托，四面山墙、窗楣装点着大小三角形山花，门楣上白底红字写着"三一堂"三个字。

为什么叫"三一堂"？厦门市基督教协会名誉会长、三一堂原主任牧师陈以平跟记者道出了三一堂名字的由来。

> "20世纪30年代，厦门的新街堂、竹树堂、厦港堂这三堂的信徒陆续迁到鼓浪屿来，有100个人左右。那时候鼓浪屿跟厦门岛过渡靠划船，碰到台风、下雨、冷天，他们从鼓浪屿回到厦门做礼拜很不方便。所以竹树堂有一个叫朱鸿谟（时任鼓浪屿鹿礁小学老师）的执事就倡议，不如我们三个堂合起来在这里建一个新教堂！这就是三一堂名字的由来。"

三一堂，顾名思义，表明是三个堂会合而为一，同时也符合基督教"圣父、圣子、圣灵三位一体"的教义。

虽然集合了三堂之力，三一堂的建设却"一波三折"。早在1934年，三一堂就破土动工了。原本按照工程师林荣廷的设计图施工，主殿堂一年左右就可以建成，最后却拖了十四年；再等到牧师楼和正门建设完工，头尾竟然耗费了六十六年！为什么好事多磨？陈以平牧师向记者道出了这当中的原委：

"三一堂请来一个留学德国的工程师林荣廷做设计。原本设计的主殿堂没有这么大，比现在小一半，只容纳五百个座位。开始动工的时候，他去美国公干，不在家。三一堂教会的一些负责人、长老、执事到工地一看，发现殿堂太小啦！他们也没有征求工程师同意，就私自要求施工人员将殿堂面积扩大一倍，变成现在的一千个座位。等到四面的围墙都切好了，林荣廷回来一看，糟糕了，这个跨度太大了，屋顶怎么弄上去？"

由于围墙向四周扩大，面积增加后，原先设计的桁架屋顶不能用，由砖墙直接承受压力的方案也行不通，工程只能停止。三一堂的这个技术难题，今天来看只是"小菜一碟"，但在当时，这几乎是国内"不可能完成的任务"。

陈以平牧师介绍说："正在两难之际，正好一位荷兰工程师来鼓浪屿协和礼拜堂做礼拜。请他来一看，设计了一个特别先进的屋顶，是用钢架制作的。但这个屋架没法在厦门建造，最后在香港做好了，再用船运过来，吊装上去。"

1936年，钢屋架运抵鼓浪屿，三百六十多根不同规格的钢梁被成功吊装。屋顶问题才刚解决,抗日战争爆发,厦门沦陷,三一堂不得不停工了八年,其间作为难民收容所使用。

抗战胜利后,主殿堂吊顶、钟楼等工程得以收尾。1949年7月10日三一堂举行献堂典礼。此时扩建后的主殿堂不仅美观实用,还实现了意想不到的声学效果。

陈牧师说:"没想到坏事变成好事了!用上钢结构屋架,天花板再安上去,结果三一堂建成了全国声音效果最好的教堂之一。我们唱诗班都不用扩音器,现场声音就很美妙。声音再小,听得也很清楚!还有,三一堂的设计特别科学、理想、实用。你看四面都有大门,每一面开了三个门,人流疏散

> 很快。一般礼拜做完，不超过十分钟，人全都走光了。还有四面窗户比门还大，通风采光也很好。"

"文革"期间，三一堂被迫停止宗教活动，奠基石和堂铭遭到破坏。幸好三一堂被用作鼓浪屿区人民会堂，内部没有受到大的破坏。

1979年，三一堂复堂。由于经济、用地等因素影响，三一堂牧师楼、正门等后续工程延迟到2000年才彻底完工。2006年，作为鼓浪屿近代建筑的杰作之一，三一堂被确定为全国重点文物保护单位。

链接：基督教传入厦门

根据1842年签订的《中英南京条约》，厦门被开辟为通商口岸，鼓浪屿就成为基督教传教士的大本营。

1842年2月，美国归正教会牧师雅裨理和美国圣公会牧师文惠廉（Rev. Boone）搭乘英国军舰抵达鼓浪屿，他们因此成为近代基督教传入福建的先驱，而厦门也成为继广州之后基督教在中国进入的第二个城市。

1848年，新街礼拜堂中华第一圣堂在厦门落成，这是我国最早供华人使用的基督教堂。

1850年，美国归正教会打马字牧师（John Ven Nest Talmage）夫妇在厦门竹树脚（今开禾路口）租赁民房作为布道所，随后翻建了厦门第二个礼拜场所——竹树脚堂（简称竹树堂）。1859年，竹树堂建成一座正式的礼拜堂。

1862年，厦港堂创建，由英国长老会管理。

随着鼓浪屿基督教徒增多，厦港堂、新街堂和竹树堂三个堂会决定在鼓浪屿修建一座教堂，命名为"三一堂"。三一堂建设费用大部分由华人信徒捐献（英长老会及美归正会也提供了捐款），建筑设计（留学德国的林荣廷工程师）和施工（许春草）也主要由华人负责，反映了基督教在厦门华人之中影响力的扩大，对研究外来宗教在厦门的传播有重要的意义。

1935年，卢铸英被选为第一任牧师。此后二十年，他积极布道，服务教众。1938年，日寇占据厦门，大批难民涌入鼓浪屿，卢铸英带领教众积极开展救援，并开放三一堂作为临时收容所。

在成为三一堂牧师前二十年，卢铸英的成就主要在教育方面。他长期担任鼓浪屿寻源中学校长，培养了大批人才，包括文学大师林语堂等。

三一堂第四任陈以平牧师生于基督教家庭，1953年入读燕京神学院，1956年毕业后在三一堂侍奉。1957年被错划为"右派"，1979年5月才得以平反，同年10月在三一堂复堂时任本堂传道，1989年按立为牧师，并任三一堂主任牧师。2011年以八十二岁高龄卸任后，仍担任三一堂顾问。在他和教众的努力下，三一堂完成了牧师楼、副楼和正门的配套工程建设。

本章三一堂外景由颜宏拍摄，内景由记者陈颖拍摄。

协和礼拜堂：鼓浪屿音乐诞生地

都说鼓浪屿是"音乐之岛"，这里走出了大批中国音乐家。可当初，音乐的种子是怎么传播到鼓浪屿的？恐怕答案就在鼓浪屿最古老的教堂——协和礼拜堂身上。

漫步鼓浪屿，你知道哪个地方特有浪漫气息？位于福建路60号之一的协和礼拜堂应该榜上有名，因为一天到晚这里总能看到拍婚纱的情侣，隔三岔五就有一对新人走进教堂举办西式婚礼。

最近，记者前往协和礼拜堂，恰好见证了一场婚礼的举行。这是座小教堂，室内陈设简朴，座席大约容纳一百人左右。恰到好处的是，阳光从两边的彩色玻璃窗透射进来，给庄重的教堂增添了浪漫的色彩。

厦门市基督教三自爱国会常务副主席方文良牧师告诉记者，如今的协和礼拜堂不仅是婚礼的殿堂，也被当作圣乐交流的场所。因为这座建于1863年老教堂，还是鼓浪屿音乐的诞生地。

> 方文良牧师说："教会的特点之一就是会有唱诗。唱诗最早是用风琴伴奏的。在鼓浪屿，协和礼拜堂是最早使用风琴的地方，后来又有了钢琴。由于风琴、钢琴的引进，给鼓浪屿的中外居民带来了比较好的音乐氛围。鼓浪屿成为音乐之岛，跟教会音乐带来的影响是有关系的。"

有资料表明，1878年，教堂礼拜开始使用风琴，由英国人边阿兰先生担任司琴。这是西洋乐器在鼓浪屿出现的最早记录。从此，音乐通过教堂传播，慢慢进入了鼓浪屿寻常百姓家。

事实上，后来从鼓浪屿走出的殷承宗、林俊卿、许斐平等一大批音乐家，他们大多出生在信教家庭，或者就读于教会学校，多多少少受过一些教会音乐的熏陶。

至于风琴为什么最早出现在协和礼拜堂，道理很简单，因为它是鼓浪屿最古老的教堂，至今已有一百五十五年的历史。

> 方文良牧师说："19世纪中叶，有许多西方人士远渡重洋来到鼓浪屿，在这里工作、生活。这些外国人当中，有不少是虔诚的基督徒，他们呼吁在鼓浪屿建一座教堂。于是，在厦门的基督新教各会（美国归正教、英国伦敦会、英国长老会，即'三公会'）信徒纷纷捐款，在鼓浪屿鹿礁顶（亦称上鹿礁，今为福建路60号之一）建了一座教堂，取名为国际礼拜堂。"

1911年，教堂进行翻建，改名"协和礼拜堂"（Union Church）。

"'协和'就是我们教会所倡导的一种理念，有包容、和谐的意思。之所以改名协和礼拜堂，我想是因为希望这些来自不同国家，不同民族，甚至不同宗派的外国信徒，在这里能够形成一个和谐友爱的大家庭。"

"在协和礼拜堂聚会，一般由外国牧师主持，用英语讲道、唱诗。参与做礼拜的，也大多是外国人，本地人很少，除非是懂英语的人。本地人都习惯叫它番仔礼拜堂（番仔是闽南语，意为外国人）。"

协和礼拜堂原本是洋人专属的教堂，但在1949年后，随着协和礼拜堂董事部负责人回国，这一教堂赠送给中国教会管理。但之后的半个多世纪，协和礼拜堂的命运很曲折：先是开办过幼儿园，后来长期租用给厦门市第二医院，当小礼堂和仓库。

1974年4月，由于厦门市第二医院发展的需要，差点拆了这座教堂建设药剂房。根据《海峡导报》2011年6月7日报道，"在国家一级建筑师白家欣先生极力周旋下，用貌似破坏，实则保全的方法，在教堂周边加盖一些楼房"，由此教堂得以保留。

1987年7月25日，国家落实宗教政策，协和礼拜堂产权退还给厦门市基督教两会（厦门市基督教三自爱国运动委员会与厦门市基督教协会的合称），但此时教堂周边被加盖的楼房遮挡，难以使用，只能继续交由二院租用。直到 2009 年，在厦门市基督教两会、鼓浪屿管委会、"鼓浪语"文化社群等多方面共同努力下，教堂周边的建筑得以拆除，百年老教堂重获生机。

> 方文良牧师说："70 年代建的这一圈房子拆掉了，才使这栋老教堂露出来。当时教堂非常破旧，墙体裂得很厉害。后来历经两年修缮，差不多耗资 200 万元，基本恢复原貌。2011 年 6 月 30 日，协和礼拜堂举行了复堂典礼。"

2011 年重新开放后，协和礼拜堂成为展示鼓浪屿基督教文化的窗口。这里也成为基督教徒举办婚礼的场所，还不定期举办音乐会。

2013 年，协和礼拜堂被公布为福建省文物保护单位。

链接：林语堂在协和礼拜堂办过婚礼吗

在《林语堂自传》中，有这么一句话："我的婚礼是在民国八年。婚礼是在一个英国的圣公会举行的。"

于是有人揣测，1919 年，林语堂与夫人廖翠凤举行婚礼的教堂就是协和礼拜堂。

方文良牧师认为，这种说法不足为信。协和礼拜堂被称为番仔礼拜堂，本地人不太可能到这里做礼拜、举办婚礼（当时协和礼拜堂在鼓浪屿并非唯一教堂）；厦门基督教历史记载当中，也没有找到相关记录。

是谁出资修复了协和礼拜堂？

协和礼拜堂能够恢复百年前的风貌，有一个人功不可没。她名叫蔡德晔，也是基督徒。

方文良牧师告诉记者，蔡德晔是一个热心公益又很低调的企业家，她主动出资帮助协和礼拜堂翻修，还在设计、选料等方面费尽心思。

> 方文良牧师说："为了修复，她找专家来设计；然后需要的用料，她又自己去国外找。瓦片残缺了，更换新的，旧的她还保留下来加以使用，或作为纪念品。当时地板是马赛克的，但要修补，已经找不到原来的马赛克了，于是保留一部分，又用了一些新的材料，修旧如旧。"

本章照片由记者陈颖拍摄，历史档案图片为紫日收藏。

卷尾之一
《听见历史的声音：文物传奇》系列丛书由来

文物是国家和民族的精神血脉、文化之魂，它们是祖先留给后代的宝贵遗产，是一座城市的温热血脉和特有精神，承载着城市的记忆。习近平总书记曾指出："历史文化是城市的灵魂，要像爱惜自己的生命一样保护好城市历史文化遗产"；"文物是不可再生的文化资源，保护文物功在当代，利在千秋"。

在历史底蕴深厚的厦门市思明区，不可移动文物多达324处，其中，国家级5处（40个点）、省级41处、市级40处、涉台文物古迹18处（其中单独涉台5处）、未定级不可移动文物198处，文物数量占全市68%。它们在悠悠岁月中伫立了百余年，是思明区特殊的"金色名片"。

为进一步创新文物保护工作，激发更多社会力量参与文物保护行动，2016年10月，思明区发起"寻根厦门记忆·守护思明文物"行动，在全省率先打造"文物守护认领"模式，将辖内198处未定级不可移动文物开放让社会力量认领守护，同步

思明区文化和旅游局
举办的文物保护系列活动

成立思明区文物保护志愿服务总队，这个文物守护"大家庭"迄今已有350多名"家人"。2018年，思明区对"文物守护认领"模式进行升级，接续推出"文物宣导"做法，同步成立思明区"文物寻根"成人宣导团和青少年宣导团，旨在以宣导的方式让文物活起来、让文物"说话"。

在此期间，思明区持续推出一系列"文物传承+"创新做法，其中，2017年思明区文化和旅游局与厦门新闻广播联手推出百集大型系列广播报道《听见历史的声音：文物传奇》，就是思明区打造的"文物传承+线上"创新做法之一，旨在通过口述历史的方式，让更多公众通过广播就能了解我们城市文物的前世今生，从而培育更加浓厚的城市情怀，与我们一起共同守护和传承城市历史文脉。

今年，思明区将这百集系列广播报道集结出版线下同名系列丛书，共分三册（季），以飨读者。这是思明区在推动文物保护成果更多惠及市民百姓、融入群众生活方面所呈现的一个诚意作品，希望在阅读这本书的广大读者朋友们，可以从中一窥厦门城的历史源头，感受文物在现代生活中所散发出的独特魅力，因为文物，而爱上一座城。

厦门市思明区文化和旅游局

2020年1月

思明区文化和旅游局
举办的文物保护系列活动

卷尾之二
厦门的起点在这里

2017 年底,厦门地铁 1 号线试运行。如果不是之前改了线,它在老城区的起点站就不是现在的镇海路,而是中山路。

虽然两个选址间的距离不过百米左右,但因为稍作变更,中山路一带历史风貌建筑才得以毫发无损。比如,通奉第巷 24 号一栋漂亮的百年老宅——蔡源润宅就在拆迁通知书下发之后化险为夷。

蔡源润是民国时代厦门老字号之一——华记绸缎呢绒匹头店的老板。他家境贫寒,五岁就上街卖油条,长大后先是做肩挑小贩,后来开了布店,才得以发家。20 世纪 40 年代,他买下了现通奉第巷 24 号这栋大别墅,这里便成了蔡家四代人生活的家园。

在采访蔡源润之子蔡福星时,他跟我提起了老宅内藏有"秘密花园",那是他小时候跟兄弟姐妹们捉迷藏、玩"过家家"的乐园。当我走进后,发现老建筑中西合璧、风韵犹存,花园

记者陈颖和陈阔生老师
在玉屏书院碑记前

记者刘普在厦门一等
邮局旧址采访

里假山、亭台、鱼池依然如故；一阵清风拂面，仿佛还能听到当年孩子们奔跑嬉戏的笑声。

我好羡慕蔡福星。我也曾回到我生长的小城，可是找不到一点似曾相识的童年记忆。住过的房子、读过的小学，爬过的后山、淌过的小溪……全都被推倒重来，一切都是新的，就好像从未有过我的痕迹。

一个地方之所以让你魂牵梦绕，不就是因为这里"望得见山，看得见水，记得住乡愁"吗？如果我也留有蔡源润宅这样的秘密花园，我就可以多一点儿时的念想，还可以告诉我的孩子，那里的一草一木都是怎么来的。如果一个城市留有更多这样的文物古迹，这个城市就是耐人寻味的，不是吗？如果不是古遗址、古城墙、古建筑、古墓葬的存在，我们又怎么知道厦门的起点在哪里，厦门是怎么发展起来的，厦门人的精神源头在哪里呢？

正如作家龙应台在《野火集》中说的："没有过去，我们就无法体认现在，创造未来。""没有古迹……我们便是一群无知妄大的盲人"，不是吗？

由此，从2017年2月起，思明区文化和旅游局与厦门新闻广播联手推出了百集系列报道《听见历史的声音：文物传奇》。我们的想法很简单："用声音记录历史，让文物开口说话"，就是以不可移动文物为线索，讲述厦门城市的人文历史；通过口述历史，寻根厦门记忆，揭示文物保护的现代意义。

记者林军在
黄荣远堂采访

记者肖扬采访
厦门文史专家龚洁

记者谢倩欢采访郑成功
纪念馆馆长陈洋

作为厦门老城区，思明区现有不可移动文物三百多处。这些珍贵的文物现在在哪里？它们还好吗？它们背后藏着多少鲜为人知的厦门往事？围绕这些我们关切的问题，厦门新闻广播派出采访小组，分头走访文物点，实地查看；拜访厦门文史专家，解读文物历史；寻访文物所有者、见证人，了解文物的变迁。

这组系列报道从2017年推出，到2019年完结，历时两年。期间七位主创人员不仅要多方寻访与文物相关的知情人，还担任拍摄文物照片视频、收集文物资料的任务。为了核对某个细节，主创人员不是蹲点图书馆历史文献阅览室查找资料，就是勤跑厦门文史专家、学者家里请教。在我们采访过程中，不断发现一些现有文物资料的错漏，并力求以报道还原更多历史事实。

比如天一楼（厦门市思明西路天一楼巷21号）最初的业主同安吴氏兄弟被民间误传是吴文渥、吴文启，但记者找到吴氏兄弟后人（儿子吴亚明和孙子吴志煌）核实，吴氏兄弟其实名为吴清体、吴文屋。鼓浪屿最负盛名的十大老别墅之一——安海路39号番婆楼，被民间盛传因为菲律宾华侨——许经权为孝敬母亲而建，而许母曾做番婆（闽南语"外国女人"）装扮，由此得名。记者通过业主后人许经权曾外孙吴米纳的采访，却得到了完全不同的说法，又为老别墅身世增添离奇色彩。令人感慨的是，我们在挖掘文物故事的同时，也记录了文物背后的人物命运。而他们个人奋斗或者家族的兴衰史，恰恰也是中国

记者谢文龙采访参加解放
厦门战役的李美臣老先生

记者子悦采访
厦门文史专家彭一万

近代史的一个缩影。

在报道形式上,这组系列报道尝试采用广播纪录片的叙事风格,集合大量采访音响和音乐元素,可听性强。每期报道除了在厦门新闻广播(FM99.6)新闻节目中滚动播出,还通过厦门新闻广播微信公众号同步推送,广播音频与图文、视频相结合,传播效果倍增。再加上曾被"今日头条""腾讯新闻"等网媒转发,节目阅读量累计百万,反响热烈。

如今百集系列报道结集成册出版,共分三册(分别以第一季、第二季、第三季出版),以飨读者。为突出广播特色,我们奉献的是一套有声读物,通过扫取二维码,读者可以听到原人原声的原版录音报道。为方便读者寻找厦门文物点,厦大出版社还绘制了厦门文物示意图提供参考。不过,由于来自各方来源的文物资料经常互相矛盾,时间、人物等说法各执一词,就连文史专家也持不同看法,这使得我们的报道难免有纰漏,欢迎专家和读者不吝赐教,指正错误。

感谢厦门文史专家彭一万老师的鼎力支持并推荐作序;感谢文博研究员何丙仲老师在百忙之中审定了本书的书稿;感谢厦门文史专家龚洁老师不厌其烦地给予指导和建议;感谢鼓浪屿文化研究学者詹朝霞、吴永奇,原市委宣传部副部长林聪明的无私奉献,为报道提供大量精神食粮和历史素材;感谢老照片收藏者紫日,摄影爱好者白桦、颜宏、陈荣海、李鸢汉、黄见圣等为本书倾情提供个人收藏和摄影作品!

感谢厦门大学出版社为本书编辑出版付出的辛勤劳动!

最后,也感谢阅读这本书的读者们。无论是新老厦门人,还是来去匆匆的厦门访客,相信你和我们一样,都会爱上厦门,或者已经深深眷恋这个美丽的地方。因为厦门的美,不只是"面朝大海,春暖花开",还在于多元文化的包容,"爱拼才会赢"的闽南精神。而厦门的精气神,并非无源之水、无本之木,其实都可以在文物古迹中找到源头。

厦门新闻广播 陈颖

2019 年 1 月 10 日